LA CLOCHE DU TRÉPASSÉ,

ou

LES MYSTÈRES DU CHATEAU DE BEAUVOIR,

PAR

le B^{on} de **LAMOTHE-LANGON**,

Auteur du *Diable*, d'*Un Fils de l'Empereur*, de *Monsieur et Madame*,
de *Reine et Soldat*, de *Cagliostro*, de *Roi et Grisette*,

II

PARIS,
CHARLES LACHAPELLE, ÉDITEUR,
RUE SAINT-JACQUES, 75.

1839.

la Cloche du Trépassé.

Ouvrages de Maximilien Perrin.

LA DEMOISELLE DE LA CONFRÉRIE, 2 vol. in-8.	10 fr.
LA GRANDE DAME ET LA JEUNE FILLE, 2 vol. in-8.	10
LA FILLE DE L'INVALIDE, 2 vol. in-8.	10
L'AMOUR ET LA FAIM, 2 vol. in-8.	10
LA SERVANTE MAITRESSE, 2 vol. in-8.	10
LES MAUVAISES TÊTES, 2 vol. in-8.	10
Le même, 2ᵉ édit. 4 vol. in-12.	12
LE PRÊTRE ET LA DANSEUSE, 4 vol. in-12.	12
LA FEMME ET LA MAITRESSE, 4 vol. in-12.	12
L'AMANT DE MA FEMME, 2 vol. in-8.	10
SOIRÉES D'UNE GRISETTE, 4 vol. in-12.	12

Romans de E.-L. Guérin.

LES NUITS DE VERSAILLES ou *les grands Seigneurs en déshabillé*, 4 vol. in-8.	20
LES DAMES DE LA COUR, Mademoiselle de Charolais et la Marquise de Prie, 2 vol. in-8.	10
UNE DAME DE L'OPÉRA, 2 vol. in-8.	10
LE ROI DES HALLES, *deuxième édition*, 4 vol. in-12.	12
LE MARI DE LA REINE, *deuxième édition*, 4 vol. in-12.	12
LE MARQUIS DE BRUNOY, 2 vol. in-8.	10
LE TESTAMENT D'UN GUEUX, 2 vol. in-8.	10
MAGDELEINE LA REPENTIE, 2 vol. in-8.	10
LA MODISTE ET LE CARABIN, 2 vol. in-8.	10
UNE FILLE DU PEUPLE ET UNE DEMOISELLE DU MONDE, 2 vol. in-8.	10
UNE ACTRICE, 2 vol. in-8.	10
LA FLEURISTE, 2 vol. in-8.	10
LE SERGENT DE VILLE, 2 vol. in-8.	10
L'IMPRIMEUR, 5 vol. in-12.	15
SOIRÉES DE TRIANON, suite des *Nuits de Versailles*, 2 vol. in-8.	10

LA CLOCHE
DU TRÉPASSÉ,

OU

LES MYSTÈRES

DU CHATEAU DE BEAUVOIR,

PAR

le Bon de LAMOTHE-LANGON,

Auteur du *Diable*, d'*Un Fils de l'Empereur*, de *Monsieur et Madame*,
de *Reine et Soldat*, de *Cagliostro*, de *Roi et Grisette*,

II

PARIS,

CHARLES LACHAPELLE, ÉDITEUR,

RUE SAINT-JACQUES, 75.

1839.

XVII

Marâtre et beau-fils.

> Avec de la haine on peut faire de la dissimulation, mais avec de l'amitié c'est impossible.

En rentrant dans son appartement que certes Izalguier, et même encore son écuyer, espéraient si peu revoir vite lors de la nuit précédente. Le jeune chevalier tarda peu à chercher le sommeil, il s'endormit, bien qu'éminemment troublé, car il venait de prendre part à des évènemens étranges ; il avait vu de ses propres yeux la liaison coupable de la seconde femme de son père avec un brigand infâme. Il connaissait l'histoire honteuse de cette Helmonde, qu'on prétendait lui donner pour femme ; mais quoiqu'il dût se féliciter de ces découvertes favorables à ses projets, il n'en était pas moins dévoré par les autres lumières poignantes qui lui avaient aussi apparues, et dont son âme ressentait une sombre douleur.

Sorti dans le dessein d'éclaircir le mystère de la cloche du trépassé, il rentrait après avoir affronté une multitude d'aventures sans aucune solution ; il n'avait pu rendre à la liberté sa belle cousine Eumérie ; et voilà que par-dessus tout, il venait d'apprendre avec une certitude pour lui si forte, que la vue n'y apporterait rien de plus que sa mère respectable, que tout le royaume croyait morte, vivait encore prisonnière dans le château de son mari.

Assurément, cette nouvelle si solennelle, si importante, l'attachait trop pour qu'il pût l'écarter un instant; il y revenait sans cesse; et lorsqu'il se flatta que la fatigue et le mouvement forcé le contraindraient à oublier dans les bras du sommeil ces incidens attachans et divers; des rêves prophétiques ou révélateurs lui enseignèrent la majeure portion de la vérité.

Il résulta de ce que je viens de dire, que neuf heures du matin sonnaient à peine à la grosse horloge du château, que le vicomte, se jetant à bas de son lit, demanda que son écuyer vînt lui parler. Tandis qu'ils s'oublièrent, aussitôt parut non maître Paschal, dont c'était la charge, mais le gracieux et hardi Barthélemy Duval.

— Ah! te voilà, frère, dit le vicomte avec une bonhomie affectueuse, détrôneras-tu décidément auprès de moi le seigneur Bonnet? Est-ce à toi à t'emparer de son droit? Qui t'y amène? Je gage que c'est toi-même.

— Assurément non, seigneur, répliqua le jeune homme, flatté d'ailleurs de la qualification de famille qui lui était donnée ; et quelle que soit ma fantaisie de vous convaincre le plus promptement de ma sincérité et de mon affection sans borne, je sais trop ce que d'honnêtes gens se doivent entre eux, pour que je m'emparasse effrontément du poste honorable que conserve près de vous votre ancien compagnon d'études; mais ce matin, à l'aube naissante, comme il entrait pour le couvert dans la chambre qui nous est commune, je me suis réveillé, et ai manifesté la peine que je ressentais de ne pas courir avec vous les aventures. Oh! qu'à ça ne tienne, m'a répondu cet excellent maître Paschal; si tu as, Barthélemy, tout le désir d'attraper des horions, et peut-être pire, soit fait à ta volonté, je consens que tu prennes ma place pendant un couple de mois que je mettrai à me ravitailler des ennuis de la nuit qui s'achève. Montre-toi le premier à monseigneur quand il s'éveillera, dis-lui que je suis peu curieux d'avoir affaire aux bandits, à l'orage, aux souterrains, aux fantômes, au diable, et de plus..... Il s'est arrêté, j'ai cru qu'il voulait rire, mais il disait vrai. Faisant plus, il m'a promis qu'il viendrait après une bonne lippée de sommeil abdiquer solennellement en vos mains son emploi militant, et me mettre à sa place. Quant à moi, trop heureux de sa détermination, j'ai épié l'heure du réveil de monseigneur, et me voici à ses ordre.

Izalguier entendit avec un mélange de mécontentement et de satisfaction la nouvelle de la retraite momentanée du poltron Paschal, persuadé qu'il trouverait dans le jenne Barthélemy plus de courage et d'activité; il vit bien qu'il gagnait au change. En conséquence, il l'accueillit avec plaisir, lui tendit la main en signe d'acceptation, et pour qu'il entrât sur l'heure dans les fonctions de sa charge, il lui commanda d'aller de sa part enjoindre à Paschal de partir sur-le-champ pour Tolose; là il irait vers le comte de Thezan, et l'inviterait à venir, sans perte de temps, au château de Beauvoir, où il obtiendrait des lumières touchant le sort de sa fille.

A l'époque actuelle, le vicomte Gallois

aurait écrit à son oncle; alors on ne prenait la plume qu'à la dernière extrémité, et presque tous les messages se faisaient verbalement; d'ailleurs, et dans l'occurence présente, toute lettre aurait présenté du péril. La troupe de Poulpiquet battait l'estrade dans les campagnes voisines, Paschal pouvait par malencontre tomber en son pouvoir, et il fallait qu'on ne pût rien apprendre de ce qui se passait.

Barthélemy, agile et intelligent, mit peu de minutes; lorsqu'il revint et qu'il eut raconté avec quel plaisir Paschal avait reçu l'ordre de s'éloigner de ce lieu, il prévint le sire Gallois que madame la comtesse lui fesait dire qu'elle l'attendait dans son oratoire, où elle avait de l'impatience de le voir arriver.

Izalguier n'était pas moins pressé qu'elle de voir clair dans les mystères qui l'environnaient; aussi hâta-t-il les soins qu'il donnait à sa parure. La noblesse de sa physionomie, l'élégance de sa tournure ne lui avaient jamais fait naître la sotte idée de perdre à la toilette un temps précieux que l'on emploierait mieux, et surtout avec plus de profit : cependant il ne négligeait pas de relever ses avantages naturels, se contentant d'être sur la ligne des hommes efféminés et des beaux-fils.

Arrivé dans l'oratoire de sa belle-mère, il ne vit pas à celle-ci la parure somptueuse qui la veille lui avait frappé les yeux, lorsque la comtesse n'avait pourtant à voir que Poulpiquet, non qu'elle ne fut vêtue fort élégamment; mais il n'y avait ni or, ni argent, ni perles, ni pierreries précieuses, ni dentelles, ni fourrures, ni velours, ni rien de ces futilités qui frappent les yeux du vulgaire.

Ursule de Fontanes fit signe à Izalguier de s'approcher; alors un page qu'il n'avait pu voir parce qu'il se tenait en arrière, avança un fauteuil près de la chaire de sa maîtresse et puis sans la saluer, non plus que le chevalier, il sortit du lieu.

— Eh bien, mon cher fils, dit la dame en s'efforçant de conduire dès l'abord la conférence sur le terrain de l'amitié; avez-vous pris du repos, vos idées se sont-elles rassérénées, ne me serez-vous pas hostile, et comprendrez-vous enfin l'avantage qu'il y a entre vous et moi à vivre en bonne intelligence.

— Je me flatte à mon tour, répondit le sire Gallois, que madame Ursule ne cherchant pas à tromper ma franchise, répondra sincèrement aux questions que je lui adresserai.

— Prenez garde, seigneur, à ne pas

vous placer dès le début en opposition tellement contraire, que nous ne puissions aller au-delà du pas premier. Etes-vous résolu à épouser ma nièce?

— Votre nièce, madame, pas plus que votre fille.

— Je n'ai pas été mariée deux fois, répliqua la comtesse avec autant d'humeur que d'impatience, et cette supposition, est je vous le jure, en pure perte; vous ne voudrez donc rien faire pour contenter monseigneur, mon mari et votre père.

— Eh, madame, prouvez-moi quel avantage, quelle satisfaction, le noble comte, mon père, retirera réellement d'une alliance aussi disproportionnée. En admettant que la jeune fille en question soit du sang de votre frère, cela lui procure-t-il un rang assez élevé pour entrer dans notre maison.

— J'y suis bien venue.

— Avant vous, madame, il y avait une dame de haut rang et un héritier issu d'elle; d'ailleurs, je ne suis pas à discuter le fait de la volonté paternelle, mais à demander que l'on me fasse connaître pourquoi ce père, qui sait si bien ce que son rang lui enjoint, sera plus heureux en obtenant pour bru une bourgeoise nouvellement ennoblie, sans fortune quelconque, indifférente jusque-là à son fils, qui ne lui apportera aucun avantage féodal, ressortant de cette alliance; qu'en faisant au contraire ce noble hymen arrêté depuis longues années entre l'aîné de ses enfans et la damoiselle de Thezan, dont la famille est si ancienne, si illustre, si puissante, et qui apportera en dot à son mari, deux comtés, quatre baronies, des terres seigneuriales, des châtellenies sans nombre et des rapports de consanguinité avec les familles princières du royaume; c'est en outre la fille de son beau-frère, sa nièce chérie, célèbre par son esprit, sa beauté, ses qualités brillantes, ses fortes vertus, qu'enfin j'estime, que j'aime; et cela à refuser pour elle si on me l'offrait l'héritière de la ducale maison de Foix. Expliquez maintenant, madame, à mon intelligence, pourquoi la balance paternelle penchera plutôt vers la jeune Helmonde, que vers la comtesse Eumérie.

— Fi! fi! répartit Ursule en affectant du dédain, tandis qu'elle était déjà en proie à la colère; est-ce à votre âge, vicomte, que l'on manifeste tant d'amour de l'or et tant d'ambition.

— Et par où ai-je mérité ce reproche; dois-je être taxé de vils sentimens parce que je préfère ma cousine avec les avantages qu'elle doit à la Providence, à une étrangère qui tout au plus peut lutter de beauté avec elle. Ai-je été solliciter la main d'Eumérie, n'étions-nous pas promis l'un à l'autre dès avant l'âge de raison, et par la volonté expresse de nos parens.

— Les vôtres ont changés.

— Mon père peut-être, quant à ma mère je réponds non.

— Hélas! au lieu de béatitude où elle se trouve, je crois qu'elle s'inquiète peu qui vous épouserez.

— Mon opinion en ceci diffère encore de la vôtre, je pense que ma mère prend au sort de ses enfans plus d'intérêt qu'on ne peut croire, j'en suis si persuadé que je prends dès ce jour l'engagement solennel de ne contracter aucun mariage sans son consentement et sa bénédiction surtout.

— La fatigue de la nuit dernière vous a tellement accablé que vous êtes encore sous l'empire du sommeil, prenez-y garde, vicomte, Dieu veuille que vous rêviez, si ce n'était, votre tête serait péniblement attaquée.

— Tranquillisez-vous, madame, avant peu je prouverai que, sans être extravagant, je peux parler ainsi de ma mère, vous savez d'ailleurs que sans aller chez les morts, je pourrai la revoir.

A ces mots, la comtesse regarda son beau-fils avec une inquiétude si naturelle, que celui-ci s'indigna de l'excès de dissimulation, aussi, cessant de répondre à termes voilés, il se détermina à rompre directement la glace, et cette résolution prise, lui poursuivant et prévenant ce qu'elle allait dire, il la regarda fixement.

— Madame, cette nuit aventureuse a révélé de bien grands mystères, ma malheureuse mère n'est pas morte, et je ne sais quel pouvoir cruel et injuste la retient captive dans les souterrains où vous et moi nous nous sommes tantôt rencontrés; je vois votre surprise, dirai-je votre confusion? oui madame, ce crime m'est connu, ma mère est pleine de vie, votre hymen est nul et quelque péril qui me menace, je poursuivrai avec une ardeur infatigable l'acte de sa délivrance; espérant, que dis-je, me flattant même que mon père est étranger à un acte que je ne sais comment qualifier.

Le vicomte Izalguier s'énonçait avec tant d'aplomb, il y avait dans ses yeux, dans toute sa personne, une telle certitude en ce que sa bouche rapportait, que la comtesse Ursule demeura d'abord frappée, moins d'étonnement que d'épouvante, mais après une réflexion rapide et se croyant bien certaine que sa concurrente n'existait plus, elle se raffermit, et lorsque le sire Izalguier eut terminé, elle, levant les épaules et avec un dédain superbe, accompagnant sa réplique :

— En vérité, dit-elle, ou la haine que vous me portez vous égare, ou votre raison a disparu. Quoi ! votre mère vivrait encore ? quoi ! ce serait dans les parties reculées de ce manoir qu'elle serait prisonnière ! Le conte est étrange, il est maladroit même, je vous en avertis; si vous voulez me nuire, cherchez des voies plus adroites, celle-là est tellement folle, qu'elle ne vous servira en aucune façon, et en ennemie généreuse, puisque vous voulez que je la sois, je vous préviens que cette calomnie, si facile à détruire, nuira beaucoup plus à vous qu'à moi. Votre mère est morte, sa tombe existe, vous trouverez dans l'église voisine où vous avez été chercher hier au soir un asile ; le caveau où reposent ses restes, et dans une bière, ces restes eux-mêmes dont la présence vous confondra suffisamment.

—Eh! madame, ne vous pressez pas tant de célébrer votre victoire et surtout ne faites pas reposer celle-ci que sur la présence du cadavre de ma malheureuse mère, car vous seriez trompée étrangement, sachez qu'hier je suis descendu au lieu où vous me conseillez d'aller, j'y ai trouvé les mausolées de mes aïeux, leurs cercueils, ceux de leurs épouses, un seul manquait dans cette foule vénérable, c'était celui de ma mère.

— Que dites-vous, s'écria la comtesse éperdue.

— Un seul y manquait reprit Izalguier, je me trompe, il y était, mais brisé, rompu et jonchant le pavé. Là, déchiré, souillé de poussière, le suaire se présentait en lambeaux et recouvrant à demi non le squelette, non les froides reliques de cette grande dame, mais un gros rouleau de bois, une grossière bûche et deux pierres, qui sans doute avait été posées l'une à la tête, l'autre aux pieds, lorsque l'on avait voulu feindre une sacrilège inhumation.

La comtesse, en femme habile, écoutait avec une attention avide le récit qui lui était fait. Malgré la croyance où elle demeurait, de la mort de sa rivale, elle était forcée de convenir que rien, dans la narration du vicomte, ne portait le caractère de la malice et de la fausseté, cependant, pour elle, la comtesse Mahaud était réellement morte, aussi, après avoir appelé et rejeté une foule de conjectures dont aucune ne la satisfaisait, elle se mit à dire :

— Tout ce que vous me débitez me place dans un ébahissement inexprimable, votre mère est morte, je vous le certifie, mais je ne peux également vous affirmer que des impies, dans un but que le temps expliquera, n'aient bouleversé le dernier asile de la première épouse de votre père; qui sait, peut-être est-ce contre moi que cette malice infernale est dirigée; j'éclairerai tout ce que cela présente d'obscur, et je vous forcerai d'avouer que vous êtes dans l'erreur quand vous croyez votre mère encore au nombre des vivans.

— Ainsi, madame, vous persistez à la vouloir expirée, les preuves que je vous présente du contraire, vous paraissent indignes de vous y arrêter: soit, je ne m'étais pas flatté d'obtenir de vous l'aveu que je ne devrai qu'à la persistance de mes recherches et, sans doute, votre sincérité me niera également qu'à l'heure ou je vous parle, la comtesse Eumérie n'est pas non plus prisonnière du brigand Poulpiquet dans ces mêmes souterrains ou vous avez accordé une entrevue si suspecte avec ce chef de bandits.

A cette attaque si directe, si péniblement inattendue, Ursule confondue, au lieu de répondre, de braver la colère du vicomte Izalguier, baissa involontairement la tête, accablée qu'elle était par ce coup de foudre si terrible à supporter : anéantie, elle se tut, la sueur couvrit son front, la pâleur son visage, ses mains tremblèrent et l'on entendit claquer ses dents ; elle aurait eu tant de besoin, en cette occurrence, de répondre avec vivacité, avec énergie surtout afin de repousser le coup fatal avec succès, mais cela lui fut impossible et tout ce que je viens de dire arriva.

Izalguier comprenant par sa consternation, par son silence, que cette femme se sentait battue, voulut redoubler afin de l'anéantir, et continua puisqu'elle n'avait rien à dire pour sa défense.

— Eh bien ! madame, cette fois aussi mon

assertion me fera-t-elle taxer de folie, est-ce encore une chose improbable que la captivité de la comtesse Eumérie, souffrirez-vous sans vous en mêler, que j'aille apprendre à mon père que cette forteresse, où il se croit le maître et en sûreté, est ouverte à de vils brigands, avec lesquels sa femme est en conférences réglées et sert de prison à sa propre nièce, à la fille du comte de Thesan; que dira-t-il? lorsque l'indignation de la contrée l'accusera de compagnonnage avec Poulpiquet, l'odieux ravisseur d'une noble dame, sa proche parente; lorsque le parlement sur la clameur publique enverra des commissaires pour vérifier les faits; lorsqu'il sera arrêté, jugé, condamné, déshonoré : car, certes, il ne pourra nier que tout cela ne soit, et lui restera-t-il le droit de rejeter ces méfaits sur son audacieuse épouse !

— Ah! s'écria Ursule en tressaillant et comme si elle fut sortie d'un profond sommeil, je le vois bien, Izalguier, c'est de vous à moi une guerre à mort; soit, vous le voulez, je ne m'embarrasse plus des conséquences, et malheur à celui de nous qui succombera, car si j'en juge par ma haine, il doit peu compter sur la clémence du vainqueur.

— Ce n'est pas, madame, la guerre que je souhaite, je demande l'éloignement du brigand qui peut, d'un moment à l'autre, vous tromper, profiter des lieux, nous surprendre, et nous égorger tous; la délivrance à l'instant même de ma cousine et de ma mère; enfin, pour ceci dictez vous-même ce qu'il vous conviendra d'emporter, décidez-vous à une retraite que les circonstances exigeront impérieusement.

Ursule anéantie, se voyant perdue, ne sachant de quelle manière elle se sauverait d'une situation aussi périlleuse, gardait le silence, se taisant autant par honte que par dépit. Cependant les heures marchaient et plus elles avançaient et plus le péril croissait pour la comtesse, ne le reconnaissant que trop et voulant conjurer une aussi effroyable tempête, elle se recueillit, se consulta, et après un rapide conseil tenu avec elle-même, voici à quoi elle s'arrêta :

— Mon fils, dit-elle, une nuit a suffi pour nous placer tous dans des positions bien étranges, vous avez découvert des secrets qui me perdraient, et leur révélation vous a conduit à supposer ce qui n'est pas, l'existence de votre mère... or vos gestes, vos exclamations, tout ce que vous pourriez dire et faire, ne me contraindraient pas à être d'accord avec vous, sur ce point : sur tous les autres on peut s'entendre, et je me flatte que nous nous entendrons. Dites, Gallois, dites, voulez-vous m'écouter.

—Je suis là pour cela, madame, un éclat sera fâcheux à l'honneur de la maison, je ne demande pas mieux que de l'éviter; je sais, en outre, ce que je dois à mon père.

XVIII

Ils ne s'entendront pas.

> La guerre à force ouverte est moins à craindre que celle conduite sous le voile de l'amitié.

Izalguier n'avait pas quitté sa place, la comtesse qui, un moment, s'était levée emportée par la vivacité de sa conversation, se rassit; rêva, et puis prenant la parole, se mit à dire:

— Il m'est, certes, pénible d'avoir à dévoiler devant mon ennemi mortel, l'histoire secrète de ma vie ; mais où la nécessité commande, la folie seule se raidit, l'âme prudente cède et regagne ainsi l'avantage qu'elle a perdu.

— Je suis fille de Paul de Fontanes, nouvellement annobli : ma mère, d'une famille native de Bourges et encore honorable puisqu'elle avait un frère maître boucher, celui-ci était père d'un jeune homme, connu dans son enfance, dans son âge adolescent, sous les noms de Guillaume Nébian.

« Ce jeune homme rempli de qualités brillantes eut toujours pour moi le plus vif attachement, j'avoue que je voyais mon cousin avec intérêt, il était venu à Tolose étudier les lois romaines et françaises nous vivions sous le même toit, nous ne tardâmes pas à joindre aux affections du sang les sentimens de l'amour.

« Nébian crut que notre hymen serait une chose convenable il appela son père et celui-ci rendu à Tolose, me demanda à sa sœur pour son fils; je dois ajouter que mon père avait quitté la ville, ayant eu la mission de ses concitoyens d'aller à Paris porter au roi de France les hommages de Tolose.

« Ma mère pensa comme son frère et comme nous, elle me promit à son neveu, et nous attendîmes impatiemment le retour de mon père, celui-ci au bout de trois mois employés à faire le voyage de Paris, revint dans ses foyers, on lui demanda de sanctionner une union approuvée par nous tous, sa réponse fut un refus.

« Mon père avait eu pour confrère dans son voyage politique, le chevalier Mancip

Morlanes; vous connaissez l'antiquité de cette noble maison? le chevalier sachant que je serais riche, me demanda pour son fils; mon père flatté de cette alliance, s'obstina à la conclure, et certes, n'en fut pas détaché par la concurrence du fils d'un boucher ayant d'ailleurs médiocrement du bien.

« Nos prières, notre insistance, mes larmes, tout fut inutile; je dus me préparer à suivre à l'autel le jeune de Morlanes, ma mère voyant ma douleur, piquée contre son mari, faible auprès de son père, approuva le mariage secret que proposa Nébian, je devins sa femme devant l'Église et cette union indissoluble contractée, j'appartins à l'homme de mon choix.

« Il fallut apprendre à mon père ce que nous avions fait; loin de s'appaiser, sa colère n'eut pas de bornes; il put d'autant plus se maintenir dans son courroux que ma mère, morte subitement par une chûte qu'elle fit, me laissa sans défense. Mon père, de concert avec les Morlanes, poursuivit Nébian l'obligea à prendre la fuite, à passer en Espagne, et deux ans après, pendant lesquels je n'eus aucune nouvelle de mon époux, nous reçûmes la preuve de sa mort.

« Pourquoi alors n'épousai-je pas le jeune Morlanes, me demanderiez-vous, c'est que mon père mourut lui-même, que mon amitié avec votre mère, venue dès notre enfance se renoua, que je vins habiter avec elle, et que mon cœur, trop faible, reconnut le mérite de votre père, le mien avant de mourir avait fait rompre par le tribunal ecclésiastique mon premier mariage, de sorte qu'au moment où je reçus de si tristes nouvelles d'Espagne je n'appartenais qu'à moi.

« Votre mère meurt, votre père daigne

m'élever à lui, deux enfans sont le fruit de cette union heureuse, lorsque tout à coup, je me rencontre face à face avec Nébian. A la suite d'un meurtre commis par lui en Espagne et n'ayant plus d'amour pour moi il s'était fait passer pour mort : que fesait-il maintenant? la contre-bande : il me demanda des secours, je l'en comblai, il revint à la charge, je me lassai de payer son silence ; alors il changea de conduite, agrandit son existence aventureuse et devint chef de brigand sous le nom de Poulpiquet.

« Plusieurs années s'écoulèrent : nous cessâmes nos relations. Je ne songeais guère à les reprendre, lorsque je lui écrivis l'autre jour la lettre tombée en votre pouvoir, mais hier dans la journée il vient à moi déguisé, me prie de lui garder une riche prisonnière, j'y consens avec d'autant plus de satisfaction que c'est la rivale d'Helmonde, l'affection que je porte à cette chère créature m'égara et je devins injuste dans son intérêt.

« Je ne chercherai pas à me blanchir, à vous faire un secret de la naissance de cette fille infortunée, je suis sa mère, quant à son père vous le connaissez ; voilà, chevalier, tout ce que j'ai à vous dire, voilà toute la vérité, fidèle à mon époux en tout, je ne l'ai pas immolé à un homme perdu de débauches et de crimes ; mais le malheureux est mon plus proche parent, il a été mon époux, il est le père de ma fille ; enfin, et pour que vous ne puissiez en rien vous plaindre de mes réticences, notre sénéchal est son père et mon oncle ; maintenant pensez-vous que Poulpiquet soit redoutable à ce château ? non sans doute, les nœuds qui le lient à la plupart de ses habitans, ne lui permettront jamais d'écouter la cupide insensibilité, d'ailleurs il connaît bien une issue qui de la campagne aboutit au souterrain, mais il ignore complètement de quelle manière on pénètre de celui-ci dans le château, je vous promets que pour calmer vos craintes légitimes, je vais faire murer la porte dont on lui a livré le secret, et par là on évitera jusques à une attaque inutile.

« Je vous ai fait lire dans toute mon existence, je me suis montrée à vous aussi franchement que possible; je dois vous assurer, et ceci je le jure par la très sainte épine de Tolose, que madame votre mère expirée a reposé long-temps dans cette bière dont vous avez vu naguère la profanation. A votre tour, parlez et faites-moi connaître si vous êtes content ou non, si vous m'accusez encore de dissimulation et de perfidie.

Certes, Izalguier aurait pu lui dire que si elle était sincère sur beaucoup de points, elle ne l'était pas sur la naissance des deux derniers enfans qu'elle disait être de son second époux ; mais ayant d'autres points à traiter, assez majeurs pour la mécontenter, il ne crut pas devoir la faire trop rougir en ceci, auquel la dénégation et la reconnaissance de son mari seraient toujours des preuves irrécusables.

Mais il lui demanda froidement, pour entrer en matière, ce qu'elle prétendait faire de l'avenir ; comme sans doute elle s'attendait à la question, la réplique tarda peu : elle la fit toujours franche, avec bonne foi et en ces termes :

— Je vous le répète, ce que vous avez vu durant cette nuit, la lettre fatale qu'un hasard bien funeste a fait tomber dans vos mains, ne me permettent plus de conduire l'affaire qui m'intéresse tant dans la voie honorable où j'aurais voulu la maintenir, il me faut renoncer avec autant de chagrin que de colère au dessein de vous unir à Helmonde; ce mariage me semblait nécessaire pour m'assurer à moi et aux miens une protection puissante, après la mort de votre père mon époux. Vous conviendra-t-il, beau-fils, de prendre à témoins les reliques sacrées de saint Sernin, et la Notre-Dame-la-Noire de Tholose, en garantie que, le comte Izalguier défunt, vous traiterez en mère et en frère sa veuve, que sa volonté vous a donné; si vous le faites, je serai tranquille et vous me réduirez à ne plus craindre votre vengeance dans l'avenir. En même temps, je ne peux ni ne veux prolonger la captivité de votre cousine; mais vous connaissez les droits de la capture; Poulpiquet doit avoir une rançon, si on la lui refuse, je la lui assurerai, je vous propose donc de me laisser la journée, afin d'appeler mon cousin de nouveau, car il s'est éloigné de Beauvoir dès notre entrevue. Ne craignez-pas que je lui rende la comtesse de Thesan; mais je veux qu'elle lui soit montrée, afin que lui-même, bien inspiré, puisse prendre l'initiative d'une résolution honorable. Employez la journée à vous raccommoder avec votre père; demain matin, sans que nul hors vous ne le sachent, votre cousine quittera le château sous votre escorte; vous la conduirez à son père et tout sera fini.

Ce dénouement heureux, inattendu et brusque frappa Izalguier et lui plut beaucoup; assurément il ne croyait qu'une portion du récit de sa marâtre, mais qu'elle renvoyât Euméris et le point capital serait obtenu; puis il veillerait à ce que toute issue mystérieuse des souterrains fût close; et, en dernier, et au moyen du concours de son oncle, il se disposait à faire une si rude guerre à Poulpiquet, que celui-ci ne pût éviter de tomber dans ses mains.

Certes il lui en coûtait beaucoup de ne pas être admis tout de suite auprès de sa cousine, du moins il verrait son père, il s'expliquerait avec lui, et à l'aurore brillante il quitterait Beauvoir avec la jeune comtesse, bien déterminé à n'y rentrer qu'à bon escient. Un cas lui manquait encore, celui se rattachant à l'existence de sa mère : était-elle vivante ? serait-il la dupe d'une illusion ? En pensant à ceci, il éleva la voix machinalement, et sa préoccupation était si forte que, se croyant seul, il s'avisa de dire :

— Pardonne-moi, ma mère, je ne t'abandonnerai pas.

— Vous croyez donc, dit la comtesse, que je vous en impose, que votre mère vit encore ; je vous assure qu'il n'en est rien.

Mais vous ne répondez ni à ma confiance ni à mes propositions; préférez-vous que nous nous maintenions dans un état de guerre où tout le désavantage ne sera pas de mon côté.

— Madame, dit-il, ne traitons maintenant que d'un point: la délivrance de ma cousine; le resté viendra successivement; soyez d'ailleurs persuadée que la femme et les enfans de mon père me seront toujours chers et sacrés.

— Soit, répliqua Ursule, heureuse de ce qu'elle gagnerait du temps dont elle avait tant besoin, nous sommes gens de revue, et je me flatte que nous nous entendrons sur le reste également; ainsi donc j'emploierai le reste de la journée à préparer le voyage de votre cousine, et le même soir vous la conduirez à Tholose; alors je pourrai braver l'ennemi secret qui me tourmenté, sans que je connaisse mon crime.

Ici la conversation fut interrompue par le son lent et monotone de la cloche du trépassé, et lorsque par trois fois le glas funèbre eut retenti, la même voix aiguë et traînante que déjà les deux auditeurs avaient entendu, s'éleva, se mettant à dire :

Fallace perfidie... assassinat; la mort est dans la vie, la vie est dans la mort!

Les sons se perpétuèrent encore pendant quelques minutes, puis tout rentra dans l'ordre accoutumé. Le visage de la comtesse était violâtre et décomposé, ses genoux tremblaient sous elle; chacun de nous se leva mélancoliquement : elle, avec un redoublement de colère, s'écrie :

— Eh bien! vous le connaissez, cet être inexplicable qui semble ne s'occuper que de me poursuivre; que veut-il? quel est son intérêt à me tourmenter? je ne doute pas que ce ne soit le même qui, dans la nuit précédente, se soit montré à vous afin de me punir, en me plaçant de manière à surprendre mes secrets.

—J'ignore, répondit Izaiguier avec compassion, quel est cet être extraordinaire. Le mien, qui m'est dévoué, a voulu me séparer du reste de mes ennemis; il m'a secouru contre les brigands; mais comme il porte des vêtemens bizarres, il me sera facile de le distinguer de tout autre et de le reconnaître malgré lui, s'il ne change pas de vêtement; je l'interrogerai : tâchez d'en faire autant du vôtre.

— Moi... répondit la comtesse avec une impression d'effroi, noble beau-fils, je ne me sens pas le courage d'affronter des êtres qui n'appartiennent plus à ce monde, car s'ils en étaient les habitans, soyez persuadé qu'à l'heure qu'il est je serais sans incertitude sur son compte.

Izalguier voyant que sa belle-mère ne disait plus rien, et ne se trouvant pas à son aise avec elle, se résolut à prendre congé en lui demandant à quelle heure son père voudrait le revoir.

— Je vais, répondit-elle, passer dans son appartement : vous pourriez vous y rendre presque aussitôt; mais, beau-fils, est-il possible que vous ne réclamiez pas également la compagnie d'Hugues et de Célénie parce que je suis leur mère : ceux-là ne vous sont-ils pas attachés par les nœuds du sang?

Les convenances, une réserve prudente enchaînèrent dans sa bouche la réplique d'Izalguier, telle que son impétuosité l'avait d'abord préparée; mais en comprenant le péril et l'humilité, il se contenta de dire avec froideur qu'il ne croyait pas aboli en Languedoc la suprématie du droit d'aînesse. Lors de ma dernière entrée à Beauvoir, ma chère Alix n'a pas attendu que j'allasse lui rendre ma visite, et pourtant son sexe a droit à mes hommages et à mon respect. Je n'ai pas vu Hugues.

— Ne l'accusez ni d'orgueil ni d'indifférence, je vous savais animé contre moi, j'ai craint que votre mécontentement ne tombât sur mon fils; et pour lui épargner une scène pénible, je me suis opposée à ce qu'il vous rendît ses devoirs, ainsi que sa sœur; et, puisque vous tenez à ce que votre suprématie soit maintenue, l'un et l'autre tarderont peu à vous convaincre que tous ceux dont je suis le centre aiment et recherchent votre amitié.

Dans toute autre circonstance, Izalguier aurait tenu un langage différent; dans celle-ci il n'en fit rien : trop de sentimens de répulsion l'éloignaient de cette femme, dans laquelle il voyait avec horreur, ou la geôlière de sa mère infortunée, ou l'abominable furie qui lui avait donné la mort.

XIX

L'Intérieur d'une famille comme il y en a tant.

> Le hasard nous impose des parens, notre choix nous donne des amis.

Le comte Pons Izalguier, après avoir joué un rôle brillant dans le monde, avait fini comme beaucoup font; dégoûté de la guerre, étranger à la cour, où il s'était présenté rarement, n'ayant aucun goût pour la littéture, les arts et l'étude, il passa quelques années à chercher des plaisirs faciles, mais qui ne satisfont pas. Marié à une personne d'un mérite supérieur qui, pendant les premières années d'un fécond hymen avait suffi à son bonheur, il s'amouracha au déclin de l'âge d'une adroite et méchante coquette.

Sa passion alla si loin qu'il parut insensible à la mort d'une noble et chaste épouse, emportant avec elle l'estime et l'affection de tout le Languedoc. Aussi sans faire attention à l'odieux scandale qu'il donnait à ses parens, amis, vassaux et voisins, il convola un second mariage avant les époques de convenance marquées par des usages conservateurs.

Dès qu'Ursule de Fontanes eut pris la place de Mahaud de Thezan, le comte Izalguier parut tout autre, il cessa de voir régulièrement ses égaux, ses domaines ou naguère les fêtes se rendaient sans interruptions, devinrent silencieux et mornes, les troubadours, les jongleurs, les zingaris en désapprirent le chemin. Le comte se rendit presque invisible aux habitans de ses terres, et les deux enfans du premier lit ne furent admis près de lui qu'à travers un cérémonial qui glaçait et déchirait leur cœur.

Sa seconde femme s'empara complètement de sa confiance, il ne voyait que par ses yeux ; et certes une preuve bien forte en fut acquise lorsque son orgueil de gentilhomme ne se révolta pas à la prière que lui fit Ursule d'unir à l'héritier de son nom la fille du frère obscur de cette dame ; la chose était au point que celle-ci lui dictait ses démarches ; elle lui avait recommandé la veille de ne pas recevoir son fils après une assez longue absence ; et maintenant sans s'embarrasser de se contredire et sans frayeur qu'il lui demandât le motif de ce changement, elle était venue lever l'interdiction.

Il fut donc permis au vicomte Gallois de rendre ses hommages à l'auteur de ses jours : il se flattait que ce serait en pleine solitude que cette visite aurait lieu, il se trompa, le vieux comte se montra à son fils vêtu avec cette magnificence dont il revêtait les habits lorsque par hasard un haut personnage rompait, par une apparition inattendue, la monotonie des jours passés à la Bastide de Beauvoir.

Autour du suzerain étaient rangés, en vertu de la plus sévère étiquette, son premier aumônier, en même temps son chancelier, son maréchal des logis, le majordome, le sénéchal, les gentilshommes de compagnie, appelés chambellans; au nord les écuyers, les pages avec leur gouverneur, le trésorier, le sommelier, l'argentier, l'échanson, le pannetier, charges possédées non par la domesticité majeure, mais par des nobles d'un rang supérieur; il y avait là en outre le premier veneur avec les officiers des chasses, les capitaines et lieutenans des compagnies royales ou privées, allant à la guerre sous la bannière carrée des Izalguier, enfin la vaste salle où s'élevait le lit gigantesque du comte était presque remplie à l'aide de cinq à six lévriers et braques favoris, qui sans s'embarrasser du silence servile que gardait cette foule, saluèrent de grand cœur par leurs jappemens la présence d'Izalguier, leur maître chéri, il n'y eut pas jusques au faucon en repos sur le poing du vieux comte qui ne battît de l'aile et ne secouât les grelots de son chaperon.

Interdit par la pompe de cette réception

théâtrale qui peinait tant à son cœur, le vicomte s'indigna qu'on eut voulu le traiter en étranger, aussi dès qu'en entrant il eut remis ses gants à l'un de ses pages et son émerillon à l'autre, il courut les bras ouverts droit à son père, et sans plus s'embarrasser de la foule dont visiblement on avait voulu faire une barrière entre eux, il lui manifesta avec une douce expansion la joie extrême qu'il avait de le voir.

La franchise de ses manières toucha le vieux comte; aussi dans le premier moment, et bien qu'il eût été endoctriné tout à l'heure par sa femme qui, elle-même avait présidé à cet appareil, il n'opposa aucune résistance au desir que lui manifesta son fils d'être avec lui en particulier, et les acteurs étrangers qu'on avait néanmoins et perfidement mis en scène, eux presque tous haïssant la seconde épouse, mirent à se retirer un zèle empressement, qu'ils entraînèrent avec eux ceux moins bienveillans et vendus à Ursule de Fontane.

Dès que le dernier de ces importuns eut franchi la porte de la chambre, et dès que, sur un autre signe du vicomte, le page de service eut commandé à l'huissier de garde, alors appelé bedeau, de laisser retomber les portières et de clore les deux battans, sire Gallois, avec une nouvelle affection, embrassa le comte, et lui manifesta chaleureusement la joie sincère qu'il avait de le revoir.

J'ai oublié, au commencement de cette histoire véridique, d'apprendre aux lecteurs qu'Izalguier, lorsqu'il avait été à la Grasse voir son oncle maternel, venait, non du château de son père, mais de la cour d'Avignon, où il avait passé plusieurs mois. Il en parla au comte, lui donna des nouvelles de ses beaux-frères, lui apprit ce qu'il ignorait, la disparution du templier Aldric de Thezan, ignorée même pour sa famille; enfin, il termina par gémir du malheur qui avait frappé son oncle.

— Oui, répondit le comte, je sais que des partisans, ayant enlevé ma belle nièce, afin d'obtenir de son père une forte rançon, n'ont pu se défendre des sollicitations empressées de ma bonne femme; je sais que, demain matin, ma belle nièce, qui viendra dîner avec nous, sera plus tard, et par vous, ramenée à son beau-père. Ah! mon fils! je suis chagrin de vous voir si hostile à votre belle-mère; c'est une femme d'esprit, de sens, de haute vertu, et d'une abnégation telle..... Je voulais pour votre bonheur vous faire épouser sa nièce. Eh bien! ce matin, cette femme parfaite vient de me conjurer de laisser à votre détermination le choix de la bru qui viendra tenir ici la seconde place. Après un tel procédé, et lorsqu'elle avait ma parole sacrée, ne rougissez-vous pas de vos soupçons inconvenans !

Le vicomte, tout en reconnaissant l'astuce de sa belle-mère au sujet de la situation présente de la comtesse Eumérie, fut néanmoins contraint d'avouer qu'elle lui avait tenu parole en ce qui concernait le mariage : c'était beaucoup pour lui. Aussi, voulant d'un autre côté se rendre agréable à son père, il reconnut franchement que, dans l'occurrence présente, il aurait tort de la quereller.

— Vous êtes donc le maître de votre main ? répliqua le vieux comte ; je gage que vous allez me parler de ce projet en l'air qui vous liait à mademoiselle de Thezan. Soit, mon fils, vous en êtes le maître ;

mais comment se fait-il que vous ne vous soyez pas aperçu de la supériorité des charmes d'Helmonde, et du tendre amour que cette personne a pour vous?

— *Fallace mensonge pipée*, s'écria cette voix mystérieuse qui se faisait entendre si souvent et si à propos.

La cloche du trépassé retentit ensuite, et cet incident heureux sauva au jeune Izalguier l'embarras de la réponse. Quant à son père, véritablement courroucé, et néanmoins sans ressentir aucune terreur:

— Qu'est-ce, dit-il, que ce badinage insolent qui, en profitant d'issues inconnues aux maîtres de cette noble maison, vient y jouer un rôle odieux, coupable et sacrilége?... Vous avez eu sans doute votre part de cette arrogante tromperie?

Izalguier s'inclina, et ne dit rien à son père; alors celui-ci poursuivant:

— La comtesse est bien malheureuse, on la hait parce que je l'aime; tout ceci sont des pièges qu'on lui tend, des ruses disposées pour la perdre; mais, n'importe, quoi qu'on fasse, je ne cesserai de la chérir, je la soutiendrai lors même que l'on parviendrait à me prouver évidemment son tort.

La conversation était montée d'une manière trop déplaisante pour que le fils Izalguier cherchât à la prolonger; il coupa court, sur la crainte de tourmenter son père, sur son désir d'aller voir son frère Hugues et ses sœurs.

— Et bien vous ferez, Gallois; surtout n'oubliez pas Helmonde, elle mérite d'être distinguée parmi les filles de Sion. Adieu; nous dînerons tous ensemble. Savez-vous que le monde change; voici qu'on se met à table à midi. Dans ma jeunesse, on festinait à dix heures; et j'ai entendu dire à mon noble père, Dieu veuille l'avoir admis en son saint Paradis! que le saint roi, le grand roi, le bon roi de divine mémoire, se mettait à table à huit heures régulièrement..... Mon fils, tout va de mal en pire: tout dégénère; croyez-moi, les hommes de ce temps ne valent pas ceux de ma première vie.

Izalguier, sans mot dire, s'inclina; il se retira en effet comme il l'avait annoncé à son père; et au moment où il passait dans sa chambre pour faire sa toilette avant le repas du matin, il vit entrer avec Alix son frère Hugues et Célénie : la première, selon son usage, l'embrassa cordialement. Les autres, qui au fond ne l'aimaient guère, le traitèrent avec la froideur à laquelle leur aîné était accoutumé. Certes, ce n'était pas le moment où lui leur manifesterait un surcroit de tendresse, presque assuré qu'ils n'appartenaient pas à son père; il les vit avec peine et un dégoût marqué.

Hugues, plus habile, n'aurait pas relevé cette froideur; mais Célénie, fière et arrogante, digne de sa mère et jalouse d'Alix à laquelle, soit les seigneurs, soit les vassaux rendaient des respects plus marqués qu'à elle-même, ne put contraindre son mécontentement, et avec une aigreur marquée:

— Certes, mon frère, dit-elle, il vous était peu agréable de nous voir après une si longue absence; est-ce avec cette froide cérémonie que vous devriez nous faire accueil.

— Belle-sœur, répartit Izalguier d'un ton doux, auquel de nous trois ce reproche est-il mieux applicable, est-ce de ce matin ou d'hier que je suis chez mon père, et vous êtes-vous mis tous les deux en peine de me témoigner votre empressement.

Célénie rougit et se tut, Hugues prenant la parole ;

— Vous auriez droit de vous plaindre, mon frère, si notre sœur et moi avions été libres de nos mouvemens, vous savez la tendre union qui nous lie à notre cousine Helmonde? hier, nous la savions dans les larmes et nous ne songeâmes qu'à la consoler.

— Eh! mon Dieu, dit étourdiment la naïve Alix, Helmonde est souffrante ou chagrine, je l'ignorais, pourquoi ne me l'a-t-elle pas fait dire, qui donc cause sa douleur morale ou ses maux réels?

— Demandez-le au vicomte Gallois, repartit la méchante Célénie, lui qui en manière de mangeur de cœurs, porte la désolation au cœur des folles assez étourdies pour venir à lui avant qu'il se soit mis en route, afin de venir à elles.

Alix aurait bien voulu n'avoir pas énoncé la question, il n'était plus temps, elle vit la rougeur, l'embarras, le dépit de son frère, et pour venger ce dernier d'une accusation formulée à tort.

— Je suis honteuse, dit-elle du ton superbe d'une jeune fille étrangère aux tourmens de l'amour, oui, honteuse en vérité pour celles de mon sexe qui, oubliant cette pudeur, notre plus bel apanage, se laissent aller à des pensées qu'elles devraient rejeter avec dédain.

— Vous êtes sévère, Alix, reprit Célénie.

— Et vous bien prompte à relever un gant qu'on ne vous jette pas, dit Izalguier, surtout lorsqu'un éclat peut compromettre la réputation d'une personne qui vous tient de si près, quant à moi, poursuivit-il en relevant la tête et en arrêtant avec fierté et calme ses beaux yeux sur les deux enfans de sa marâtre, comme je ne suis jamais sorti du respect que je dois à la parenté de ma belle-mère, je vous prends tous à témoins que d'aucune façon, je n'ai aidé ni encouragé, ni cherché à faire naître cette passion fatale que je déplorerais si je croyais à son existence : depuis presque le berceau, la volonté de ma mère, le consentement de mon père m'ont amené à regarder ma main comme enchaînée à celle de la comtesse Eumérie, et maintenant encore je regarde comme sacré cet engagement flatteur à mon amour-propre et doux à mon cœur.

— Hugues, s'écria Célénie avec emportement, venez, sortons ; ne nous laissons pas insulter.... Allons, partons.... Vous hésitez, je me retire.

— Vous êtes aujourd'hui étrangement prévenue, dit le vicomte en cherchant à ne pas sortir de sa modération primitive ; oui, prévenue contre moi. Devez-vous tant m'en vouloir pour un aveu fait en famille et sans arrière-pensée, je le répète, je vous adjure de me répondre : Me suis-je présenté en aucun jour à Helmonde en qualité d'amant, ai-je travaillé à la perdre dans sa vertu, à la séduire, à la corrompre, j'ai même poussé si loin la circonspection, afin de ne pas allumer dans un cœur naïf des espérances que je lui ai parfois manqué d'égards. Oui, Célénie, confondez-moi si je suis coupable, ne reculez pas mon châtiment, mais aussi soyez à votre tour sincère, et avouez que tout ceci a eu lieu sans ma participation.

— Oh! nous ne savons que trop, répondit la jeune fille, combien ma mère, ses enfans, ce qui relève d'elle et d'eux vous est insupportable, combien vous nous détestez tous ; je sais à quoi nous devons nous attendre. Lorsque mon père ne sera plus là pour nous défendre contre votre jalousie et haine sans raison.

— Dans les âmes égarées par cette haine que vous me reprochez, et frappées elles-mêmes d'un aveuglement moral, sans motif, répartit Izalguier, il n'y a pas moyen de faire luire un rayon de sagesse: ah! damoiselle, je vous plains, et par votre véhémence vous vous préparez un bien fâcheux avenir.

— Voyez! reprit Célénie avec un accroissement remarquable de colère, voyez si cet homme si disposé à nous aimer me distingue des étrangers; as-tu fait attention, Hugues, à la manière dont il nous qualifie? il ne t'a jamais donné, depuis quelque temps, le titre de frère, je suis à ses yeux une damoiselle, et non une sœur chérie à son cœur.

— C'est, répartit Izalguier oubliant la modération et la réserve, c'est que lui n'est pas mon frère et que vous n'êtes pas ma sœur.

Un cri de rage échappa à Célénie, un d'indignation sortit des lèvres d'Hugues, et Alix, laissant voir les chagrins que lui causaient ces paroles cruelles, s'exprima par un gémissement ; mais le fils de la comtesse Ursule, par une excitation impétueuse, chercha l'épée et la dague, dont l'une devait pendre à son côté, et l'autre être passée dans sa ceinture; par bonheur que dans le déshabillé du matin il n'avait pas encore revêtu le costume de cérémonie. Alix et Izalguier virent son double mouvement : celle-là courut à lui et l'enlaça dans ses bras; celui-ci déjà armé croisa dédaigneusement ses bras, regarda le violent jeune homme avec mépris, et souriant :

— Quoi! déjà, dit-il, une pensée de fratricide? de par saint Louis! bon sang ne peut mentir; viens, Alix, sortons d'un lieu où l'on me menace, bien que ce soit chez moi, allons.....

Là il fut interrompu; son nouvel écuyer entra tenant une lettre qu'il lui remit; lui, pour se distraire, pour ne laisser rien à connaître de la scène étrange qui se passait, saisit avec empressement ce moyen de l'interrompre: il s'éloigna du groupe, se rapprocha d'une fenêtre en forme de croisée, et là, ouvrant la missive, il lut ce peu de mots :

A deux heures de cette nuit, laissez ouverte la porte de votre chambre; quelqu'un viendra et de sa bouche vous aurez la solution des mystères qui vous environnent et dont, sans lui, vous chercheriez en vain l'explication.

Aucune signature ne faisait connaître l'auteur de cette missive qui ouvrait l'avenir à une si douce espérance; Izalguier se mit à la relire une seconde fois. Pendant ce temps, Célénie, non moins effrayée qu'Alix de l'acte insensé d'Hugues provoqué par sa propre violence et avec le concours de celle-là, contraignit son frère à quitter la chambre du vicomte.

XX

Poésie.

> On pourrait appeler les beaux vers la
> première médecine d'une âme sensible.

Lorsqu'Izalguier fut resté seul, il se mit à rougir de son emportement, des paroles téméraires qui venaient de lui échapper, et dont ses ennemis pouvaient tirer tant d'avantage en irritant son père qui lui en demanderait compte. Que lui répondrait-il? quelle preuve avait-il de cet adultère qu'il venait de proclamer? aucune. Dès-lors, que dirait-il si le comte le punissait sévèrement?

C'était dans ces dispositions, que divers sentimens compliquaient, que le vicomte Gallois se rendit à la grande salle où le repas de midi était disposé. La coutume de ces époques féodales voulait que le suzerain, sa famille, ses chevaliers, les officiers de sa maison, et jusques à ses domestiques prissent place à la table commune, celle-là formait un T. Dans la portion supérieure s'asseyaient les nobles et les personnages distingués, celle tout en longueur assemblait les convives inférieurs.

Déjà le comte, la comtessse, Hugues, Alix, Helmonde, Célénie étaient arrivés, lorsqu'Izalguier se présenta; il salua respectueusement son père, sa marâtre, le reste de la compagnie, et prit sa place à la droite de la comtesse qui, au lieu de lui témoigner la colère que devait lui inspirer l'outrage dont il l'avait frappée naguère dans la personne de ses enfans, dédaignant de se plaindre ou attendant une meilleure occasion, lui adressa un sourire gracieux, sans laisser aucunement connaître ni ce qu'elle savait, ni ce qu'elle cachait peut-être.

La table avait été bénie par l'aumônier respectable, et l'usage voulait que pendant la première partie du dîner, des baladins ou des troubadours amusassent les convives, soit par des tours de passe-passe, soit par des Récits des Sirventes, de Tensons, des lectures des hauts faits de la chevalerie de la table ronde : parfois on lisait aussi les généalogies des barons et les prodiges de valeurs de leurs ancêtres.

Cette fois un ménestrel qui naguère, au moment où il allait s'unir à celle qui régnait sur son cœur, avait dû, pour obéir à l'ordre du roi de France, abandonner le bonheur et éteindre le flambeau d'hymen, et courir vers une terre lointaine commander momentanément à une Marche importante (1), n'ayant pour consoler son amour que la harpe et son génie avait composé le chant dont la renommée, venant à franchir la mer, charmait l'oreille sensible des dames et des chevaliers. C'était cette pièce de vers qui devait appeler l'attention des hommes, et les larmes des jeunes damoiselles prêtes à l'entendre.

(1) On appelait *Marches* les provinces d'un royaume situées sur les confins; le marquis était le gouverneur d'une marche.

L'Absence et le Souvenir.

ODE.

Tel en une obscure vallée
Auprès du torrent désastreux,
D'une colombe désolée,
S'afflige l'amant malheureux;
Ses cris appelant sa compagne,
Font à l'échos de la montagne
Répéter ses gémissemens.
Au lever brillant de l'aurore,
A la nuit revenant encore,
Toujours il redit ses tourmens.

Comme lui j'ai vu disparaître
Le temps rapide du bonheur;
Chaque jour ne semble renaître
Que pour augmenter ma douleur.
Les champs heureux de l'Ausonie,
Les miracles du vrai génie

Sont les témoins de mes regrets ;
Et pareil au ramier fidèle,
J'exprime une plainte éternelle
Au souvenir de tes attraits.

Dans ces lieux où tout parle à l'âme,
Ou tout ramène au souvenir,
Rien ne peut, éteignant ma flamme,
De mon cœur aimant te bannir.
En vain une jeunesse folle
Par une trompeuse parole,
Prétend m'offrir la volupté.
Je fuis la foule enchanteresse,
Du délire et de la tendresse,
Pour y gémir en liberté.

Tantôt sur le roc solitaire,
Seul et plaintif je vais m'asseoir.
Tandis qu'à l'occident austère
S'étendent les voiles du soir.
En vain sur l'arène brumeuse,
S'élance la vague écumeuse
Qui roule et gronde autour de moi.
En vain dans sa pompe imposante

Le ciel radieux se présente,
Je ne sais rêver que de toi.

Tantôt de la verte prairie
Je foule l'émail embaumé,
Je rappelle en ma rêverie
Les purs attraits qui m'ont charmé.
Alors d'une lyre flexible
Accompagnant ma voix sensible,
Pour toi j'aime à former des airs ;
Le ruisseau s'arrête immobile,
Et couché dans un frais asile
L'oiseau suspend ses doux concerts.

Souvenirs si remplis de charmes,
Songes de mon bonheur passé ;
Combien vous me coûtez de larmes,
Combien sur vous j'en ai versé.
A chaque instant je me rappelle
Ces transports, cette ardeur si belle,
Que m'inspirait l'objet aimé.
Souvent je crois presser encore
Sur ce cœur brûlant qui l'adore,
Cet objet dont il est charmé.

Je la vois si jeune et fidèle
Allumant des feux inconnus;
Sous les attraits d'une immortelle,
Offrir l'ensemble des vertus.
Son front virginal se colore
De ce pur éclat dont l'aurore
Embelli l'aube d'un beau jour.
De sa chevelure flottante,
L'ébène en tresses nous présente
Des filets tendus pour l'amour.

Ainsi que l'éclair étincelle,
Ainsi brille son œil perçant.
De la rose fraîche et nouvelle
Sa bouche a l'incarnat naissant.
Peindrai-je la grâce infinie,
Ses appas, que sa modestie
Cache sous un voile jaloux.
Non, respectons son innocence
Et songe, muse qui l'offense,
Que je dois être son époux.

Mon cœur la voit à l'indigence
Apporter de pieux secours,

Et préférer la bienfaisance
Aux plus brillans honneurs des cours.
Son mérite aime le mystère,
Elle se cache pour bien faire;
Ranime le pauvre, et s'enfuit.
Telle la simple violette,
Sa dérobe sous la coudrette,
Mais son doux parfum la trahit.

Et j'ai pu me séparer d'elle,
J'ai pu vers un lointain séjour,
Suivant la fortune infidèle,
Porter mes pas et mon amour.
Le devoir, despote inflexible,
Parlant à mon âme sensible,
Commande cet effort affreux.
L'honneur sut vaincre la tendresse,
Et m'arrachant à ma maîtresse
Me rendre digne de tous deux.

Je sais qu'une double promesse
A deux maîtres voua ma foi;
J'offris mon cœur à la tendresse,
Mon corps appartient à mon roi.

Quant à les servir je m'engage,
A l'un je dois tout mon courage,
Comme à l'autre tout mon amour.
Et Français j'ai voué ma vie
A mon amante, à ma patrie,
Pour leur obéir tour-à-tour.

Va, ne crains pas que l'inconstance
Vienne ajouter à mes tourmens;
Ton cœur peut avec confiance
Se reposer sur mes sermens.
Sans succès des beautés nouvelles
Viendront tenter mes sens fidèles,
Je romprai leurs enchantemens.
L'amour pur s'accroit dans l'absence,
Le monde même est sans distance,
Pour séparer deux vrais amans.

Mais sur l'autel de la constance,
S'appuyant sur son ancre d'or,
Soudain la magique espérance,
A mes yeux se présente encor,
Elle sait unir autour d'elle
La tendresse, l'amour fidèle,

Des plaisirs le concours heureux.
Tandis que le blond Hyménée,
De notre chaîne fortunée
Se prépare à serrer les nœuds.

Il luira ce jour sans exemple.
Ce jour si long-temps désiré,
Ou nous irons dans un saint temple
Prononcer un serment sacré.
Tout ensemble heureuse et craintive,
Je verrai ton âme naïve
Exprimer ta noble pudeur ;
Quand sous un voile solitaire,
L'amour, la nuit et le mystère,
Mettront le comble à mon bonheur.

Le troubadour amant avait cessé de chanter depuis plusieurs minutes que les acclamations dont la romance fut accompagnée, duraient encore ; la conversation pendant le reste du dîner s'arrêta à discuter cette question digne d'être soumise à une cour d'amour, si l'absence est nécessaire à servir de preuve à un véritable amour : chacun prit parti sur ce point grave, et l'aumônier lui-même ne crut pas déroger de la sévérité de son caractère en se mêlant à la discussion; à tel point, alors, l'amour et la délicatesse occupaient une portion importante dans l'histoire de la vie humaine.

Cependant vers la venue du fruit, on se ressouvint que le moment approchait où les sept mainteneurs de Tolose, proclameraient le vainqueur poétique dans le concours littéraire ouvert depuis l'an passé; le comte Izalguier déclara qu'il ne se tiendrait pas éloigné de sa ville natale à l'époque de la solemnité.

Ceci anima de joie les trois jeunes filles qui, plus d'une fois, au milieu de la sévérité, de l'étiquette du château de Beauvoir, regrettaient les plaisirs, les jeux de la cité

Palladienne (1). Helmonde qui maintenant avait monté sa physionomie à une sombre tristesse, ne put s'empêcher de sourire à la pensée des fêtes auxquelles assistant, sa beauté peu commune lui procurerait un époux digne d'attirer les regrets et la jalousie d'Izalguier.

Cependant on se leva de table, la famille passa dans une salle où étaient les vastes métiers à broderie où prenaient place, la comtesse, les filles et les femmes; là le comte assis dans un vaste fauteuil ou se livrait à un sommeil léger, ou mieux encore écoutait l'aumônier qui lui racontait une histoire

---

(1) Sous le moyen âge on donna à Toulouse le titre de cité palladienne, à cause de son amour des arts et des sciences; chaque fois que dans un monument de peinture, de sculpture, ou de médailles on a personnifié cette ville, on lui a donné les attributs de Pallas en y ajoutant les fleurs des Jeux floraux, et le bélier qui est dans son écusson.

pieuse, tragique et parfois réjouissante, nos aïeux ne s'effarouchaient pas de certaines peintures bannies sans retour, par la débauche hypocrite de notre siècle.

Izalguier resta peu avec sa famille, il savait que le lendemain il conduirait sa cousine à Toulouse, bien qu'il prévit la rencontre du comte de Thesan, d'une autre part le rendez-vous nocturne duquel il espérait tant, devant employer une bonne portion de la nuit, il crut sage d'aller disposer, soit avec son écuyer, soit avec ses gens d'armes ce qui était convenu à l'avance, et lui épargnerait de l'embarras au dernier moment.

D'ailleurs bien persuadé qu'Hugues ou Célénie, et peut-être tous les deux, auraient appris à la comtesse, le propos mal séant qui lui était échappé il se flatta, en ne se rapprochant pas d'elle, d'éloigner une explication capable de tourner à son désavantage s'il ne contentait pas une femme traitée avec raison.

En conséquence, et ayant prévenu son père qu'on ne le verrait pas à souper, s'il voulait bien lui permettre de garder une retraite active et le comte ayant exaucé ce désir, il fit signe à sa sœur de le suivre et avec elle passa dans l'appartement de celle-ci, tous deux causèrent pendant plusieurs heures, deux fois la comtesse envoya chercher la jeune fille, qui toujours s'excusa sur ce que son frère la retenait; enfin à l'heure ou la cloche du beffroi sonna le couvre-feu, Alix se sépara d'Izalguier, lui promettant que le jour suivant elle ne le laisserait point partir sans avoir embrassé Eumérie et tenté même d'obtenir du comte la permission de suivre à Tolose sa cousine et son frère.

Izalguier demeura seul, appela Barthélemy, lui donna ses dernières instructions, lui rappela qu'il devait à six heures du matin entrer dans sa chambre, et hésita sur ce point; jusques-là il lui conseilla d'aller se reposer, ce que lui-même tarderait peu à faire.

Barthélemy ayant pris l'engagement solennel de se conformer aux injonctions diverses de son suzerain se retirait, il ouvrait la porte, lorsqu'il dût se ranger de côté pour laisser passer et entrer le sommelier du château, qui, en costume de cérémonie et une baguette d'ivoire à la main, précédait un valet portant sur un plateau d'argent, une large coupe d'or émaillé, remplie d'un vin épicé chaud, sur lequel nageaient deux rouelles de citron, accompagné d'un petit pain au miel et aux confitures, et d'une assiette de fruit; le tout fut déposé sur une petite table à côté du lit, puis l'officier et le domestique se retirèrent silencieusement comme ils étaient venus, non sans avoir salué respectueusement et à diverses reprises le noble fils du suzerain.

C'était une des coutumes principales de ces temps célèbres ; ce breuvage que l'on appelait le *vin du coucher*, était chaque soir présenté à tous les personnages importans réunis dans un noble manoir. *Le vin du coucher* était en usage même parmi la bourgéoisie, tantôt c'était comme celui-là un mélange de vin et d'épices fines, tantôt une mixtion de jaunes d'œufs, de croûtes de pain réduites en poudre, de miel, de bouillon et de muscat, d'autres fois on présentait de l'hydromel, du brou de noix et d'autres liqueurs connues en ces temps de simplicité.

L'oubli de cette espèce de collation nocturne, aurait passé pour haute impolitesse, aussi le maître du manoir se serait cru gravement insulté si le lendemain au matin, lorsque lui-même venait visiter son hôte ou envoyer savoir comment il avait passé la nuit, eût vu la coupe pleine, cet oubli de la vider aurait équivalu à un outrage si sanglant, qu'un duel seul l'aurait réparé, car par là, on eût manifesté de la méfiance et la crainte de boire une liqueur empoisonnée; la civilité voulait donc que la coupe restât vide et que ce qu'elle contenait eût disparu entièrement.

Certes, ce n'était pas à son père qu'Izalguier aurait fait ce soir-là un affront auquel il était loin de songer. Voulant se hâter de goûter quelque repos avant l'heure ou viendrait l'inconnu, il prit le vase et but jusques à la dernière goutte, il tarda peu à ressentir l'effet sommifère de ce breuvage; ses yeux se fermèrent et ne voulant pas se coucher afin d'être prêt à recevoir l'inconnu il se jeta dans un large fauteuil où il tarda peu à tomber dans un profond sommeil.

Quand il se réveilla, il se vit dans un cachot, allongé sur un grabat, éclairé par une faible lampe, dépouillé de son épée, de sa dague, et les mains enchaînées.

XXI

Le Collège du Gai-savoir.

> Autrefois la poésie comptait parmi les
> pouvoirs de l'état.

La poltronnerie est essentiellement égoïste : celui qu'occupe perpétuellement le soin de sa conservation, doit, en nombre de circonstances, se garantir de tout acte généreux où lui-même serait exposé à un péril quelconque, cette faiblesse de l'âme avilit le cœur, l'énerve, le rend incapable de tout ce qui est généreux et énergique, la crainte du danger rend insensible aux cris du malheur, aux prières de l'infortune; on ne vient pas au secours d'un ami, on se refuse d'aider sa patrie à se sauver de ses envahisseurs; le poltron vit pour soi, il se tient à l'écart, il cherche à fuir ceux qui l'aiment et qui pourraient avoir besoin de lui.

Tel était Paschal Bonnet, tel il venait d'agir en cette occurrence; lassé de suivre Izalguier qui, par attachement pour lui, et malgré les conseils de ses autres condisciples, se l'était attaché en lui assurant une existence indépendante, lui, avait pris sans honte le parti d'abandonner son ami, au moment où ce dernier paraissait entrer en lutte avec des ennemis puissans et acharnés.

Au souvenir de la dernière nuit passée d'une manière si pénible dans des souterrains où l'on pouvait perdre la vie, effrayé des apparitions surnaturelles dont sa vue avait été frappée, et craignant qu'elles ne finissent par lui jouer un méchant tour, ayant réfléchi à tout cela et pris rapidement son parti, il se détermina donc à se retirer à Tholose pendant quelque temps, espérant qu'avant peu les mystères qui environnaient Izalguier se dissiperaient, et que l'énergie de ce jeune chevalier le mettrait au-dessus de ses ennemis.

Mais en attendant, il y aurait des complots terribles, des combats périlleux, des surprises nocturnes dans lesquelles un maladroit ou un malencontreux pourrait perdre la vie ; lui, se rangeant dans la classe de ceux-ci, prétendit se mettre à l'abri de tout coup fourré : pour cela il fallait quitter

Beauvoir, il prit pour prétexte le desir d'aller à Tholose disputer le prix de poésie annoncé par les sept ou huit mainteneurs.

On sait comment Izalguier, à qui sa présence n'importait guère, car il le connaissait trop bien, lui avait donné une mission importante à remplir auprès du comte de Thezan, il s'agissait de l'inviter au nom de sa fille, d'accourir au château de son beau-frère, sans perdre un seul instant.

Tout autre que Paschal aurait tenu à honneur, affection et devoir de satisfaire au commandement d'un ami bienfaiteur, mais celui-là tout occupé de lui-même, ne voyant que lui uniquement, était moins occupé de la mission du sire Gallois, que des moyens à prendre pour s'emparer du prix qui allait être décerné.

Il employa toute la route, qui fut d'environ quatre heures à chercher dans sa mémoire laquelle des pièces de vers qu'il avait composées il mettrait en lumière, ce point si important pour lui l'ayant détourné de tout autre souvenir, il était prêt d'entrer dans Tholose, sans plus se souvenir, dis-je, de ce qu'il devait faire.

Dans ce moment et comme sa bonne mule descendait paisiblement la côte peu élevée de Montaudrant, son attention fut détournée par la rencontre qu'il fit ; c'était un troubadour vêtu selon la mode de ces chantres aimables; il portait de légères bottines de maroquin vert galonné d'or, ayant sur le devant un gland d'or aussi flottant çà et là; des hauts-de-chausse de soie blanche, tout déchiquetés de crevés roses, bordés de velours noir, apparaissaient sous une tunique courte et verte, doublée de blanc, un petit manteau de velours noir doublé de même, mais attaché au col par une riche agraffe dont une émeraude formait le centre, achevait sa parure complétée en outre par un chapeau de feutre vert, orné de plumes noires et blanches, par une riche, longue et forte chaîne d'or, par une magnifique écharpe, admirablement ornée, à laquelle pendait une longue épée, à la lame de damas, à la poignée d'or garnie de pierreries, ainsi que le fourreau qui n'était pas moins décoré.

Ce troubadour montait un coursier arabe qu'il maniait avec grâce, un page à sa suite portait suspendue à son col la harpe de son maître, un écuyer était également chargé du soin du casque et de la lance de cet inconnu qui, par la pompe dont il s'environnait, faisait savoir à tous qu'il était depuis long-temps en dehors de la foule de ses confrères.

Paschal n'eut qu'à l'examiner un instant

pour le reconnaître, bien que la jalousie se glissa rapidement dans son cœur à la vue de tant de splendeur; néanmoins, il n'eut garde de le laisser passer, et lui de se tenir à l'écart, au contraire, il piqua sa monture, alla droit à lui, et le saluant avec les formes obséquieuse que les envieux emploient dans la pensée qu'on ne lira pas au fond de leur cœur.

— Je vois bien, dit-il, que désormais tout espoir est enlevé aux troubadours de la Provence, de la Guienne, de la Langue-d'Oc et de l'Espagne de prétendre à l'obtention de la violette de fin or, que promettent ceux de Tholose au vainqueur dans les jeux floraux, puisque le célèbre Arnaud Vidal de Castelnau d'Arry, vient, non la disputer, mais l'enlever certainement.

La phrase louangeuse était longue, la verbalité est l'apanage de l'envie et de la médiocrité. Paschal ne s'en apercevait pas, il croyait au contraire avoir fait preuve de goût, d'usage du monde et de haute civilité.

Maître Arnaud Vidal de Castelnau d'Arry, jouissait à cette époque d'une haute renommée littéraire. Le bruit de sa gloire pénétrait en Espagne et en Italie, on chantait en tous lieux ses poésies; et il méritait cette célébrité par ses qualités nobles et brillantes.

Il n'était pas au rang de ces lâches génies qui, après avoir, pendant un temps déterminé, déchiré sans relâche avec des dents empoisonnées les hommes du pouvoir, transigent avec eux, aussitôt que ceux-ci, lassés d'être tympanisés avec éloquence, consentent à payer largement une honteuse et infâme défection.

Il n'appartenait pas non plus à cette

autre classe de littérateurs intrigans, se chargeant de leurs propres affaires, faisant circuler des écrits à leur louange, élevant pour le public, à des sommes énormes le prix plus que modeste auquel ces œuvres ont été acquises; auteurs impuissans, ridicules, incapables d'inventer, et tournant sans relâche dans le cercle borné de leurs premières compositions.

Celui-là non plus n'aurait jamais consenti à se parer des plumes de paon, à signer de son nom connu, les écrits étincelans de génies de ceux à qui le caprice national refuse du mérite, par la raison absurde que la gloire ne les environnent pas. Arnaud Vidal eût dédaigné de devoir à l'un une comédie, à l'autre une tragédie ou un drame, s'il y en avait eu de long-temps, et même au prix de la fortune de nos scribes, il se fût indigné si on lui eût offert le travail d'autrui pour en faire le sien en apparence; s'il publiait des ballades, on était certain qu'il ne les avait ni composées en compagnie, ni acceptées d'un ami. Certes qui lui aurait proposé d'acccepter les honneurs littéraires d'un roman auquel il n'aurait coopéré que pour une ligne, l'eût trouvé peu empressé de se rendre ridicule; car comment aurait-il pu faire croire que lui qui ne savait pas écrire en prose, et dont l'ignorance historique passait en proverbe, aurait été capable de nouer une intrigue dramatique, vigoureuse, et de la colorier d'un style rapide et approprié un sujet.

En un mot, Arnaud Vidal, grand poète et rien au-delà, satisfait du haut rang où l'avait fait monter son mérite, s'y maintenait avec autant d'habileté que d'éclat.

Loin de garder cette morgue folle et plate de la plupart des prétendus grands auteurs de nos jours, il s'empressa de remercier Paschal Bonnet de ce qu'il lui disait d'agréable, et loin de se croire assuré de l'emporter sur lui, il feignit de craindre pour son succès, puisqu'il allait avoir un si célèbre concurrent.

Le pauvre Paschal avala doux comme miel cette louange perfide ; rien n'était amusant comme d'examiner son manège à l'entour de ce célèbre compositeur. Ce mélange de soumission et d'arrogance ; ce jeu mis en œuvre pour parvenir à connaître le plan de conduite de la pièce de poésie qu'il lirait afin de l'imiter à l'avance, et puis de se mettre à se plaindre de ce qu'on l'avait pillé.

Il mit une telle attention à cette folie poétique, il s'en occupa si uniquement que, je le repète, le souvenir de ce qu'il devait aller dire au comte de Thezan sortit de sa mémoire, et cet oubli véritablement criminel envers l'amitié, fut sur le point de provoquer de grands malheurs.

De temps immémorial, et depuis les Druides auxquels les Bardes succédèrent, et qui furent remplacés par les Troubadours, la ville de Tholose s'était rendue illustre parmi les cités des Aquitaines, en raison de l'amour de ses habitans pour la poésie et la musique; depuis le temps de Charlemagne, pendant la courte royauté du royaume d'Aquitaine, dont cette cité fut la capitale, un collège de poète, au nombre de sept, nommés primitivement par le comte et les magistrats municipaux, et qui depuis se perpétuant par eux-mêmes, surent garder constamment le feu sacré.

Au collège *de la Gaie-Science*, comme on le nommait à ces jours reculés, *las lais d'amor* qu'il rédigea (par *lais d'amor*, on entendait les règles de la grammaire et de la poésie), durent aux comtes héréditaires de Tholose une protection aussi généreuse qu'éclairée; ce fut Raymond V lui-même, inscrit dans le catalogue des Troubadours illustres, qui cédant par don aux sept mainteneurs dans le *Barry de la Agostinas* (le faubourg des Augustines) ce jardin, le verger délicieux, que depuis par ignorance ou ingratitude, ils prétendirent avoir acquis de leurs deniers.

Dès lors, possédant ce beau domaine, ayant d'autres revenus qui assuraient leur indépendance, les sept mainteneurs, sans consulter le seigneur roi, les comtes, depuis les gouverneurs de la province et les capitouls devenus leurs protecteurs généreux, procédèrent tour à tour à la nommination du mainteneur, devant remplacer ou un défunt, ou un démissionnaire.

Vers l'époque où nous plaçons ce récit, déjà ceux des beaux esprits qui, parmi nous s'adonnaient au commerce des muses, et à l'étude des langues anciennes, commençaient à qualifier du titre riant de *jeux floraux,* les travaux du *collège de la Gaie-Science.*

Rien n'annonce dans la lettre en vers, écrite par les sept mainteneurs, vivant avec tant de gloire, que leur société soit nouvelle et date d'eux, ou de leurs derniers devanciers; bien au contraire, ils déclarent dans cette même lettre vouloir faire ainsi que l'on a fait avant eux de temps immémorial.

On comprendrait difficilement à l'époque actuelle, époque toute d'égoïsme, d'amour de l'argent, de haine de la littérature, l'enthousiasme, l'exaltation que reproduirent, que repétèrent en tous lieux les Tholosains, les gens de la Langue-d'Oc et ceux de tout le midi de l'Europe.

De tous lieux, ai-je dit, on acccurut à cette cérémonie qui avait lieu le jour précis de la charmante journée des fleurs. Des groupes nombreux tous gais, tous réjouis, et cherchant le plaisir, s'étaient donnés rendez-vous dans la cité antique des Tectosages. Là, on voyait errer sous des tentes en toile, dont les rues principales étaient couvertes, tandis que des herbes odoriférantes, des feuilles de roseau, des branchages de bois, et une variété infinie de fleurs couvraient la terre, là, dis-je, on voyait errer en masse compacte et respirant l'allégresse, des gens de Marseille et d'Arles, s'élançant aux sons du tambourin et du galoubet, en conduisant la vive farandole; ceux d'Aix, ayant en tête le roi d'amour, le prince de la jeunesse et l'abbé son lieutenant; les Avignonnais sous la bannière papale accouraient en chevaliers de l'arquebuse.

En mémoire de la colonie romaine, les Nismois et leurs femmes vêtus avec les costumes du peuple roi, dans les cérémonies publiques, environnaient un char de victoire, portant un palmier d'une hauteur démesurée, ayant, enchaîné à son pied, un crocodile immense, aux écailles bleues.

Les Montpeliérais plus élégans encore, s'avançaient théâtralement, tenant ces fameuses treilles enguirlandées de fleurs, ornées de dentelles, de chaînes, de carcans, de colliers, de claviers d'or et étincelans du feu des pierreries, prêtées en toute confiance par les dames nobles, à leurs bonnes commères de la vilainie, ce qui entretenait entre ces deux castes, naturellement séparées l'une de l'autre des rapports touchans de politesse et de bienveillance réciproque.

Ceux de Pézenas donnaient aux Tholosains la représentation du *jeu du poulain*, le même que celui du *chevalet* (le petit cheval) tout à l'honneur dans les diverses cités du royaume, Bezier n'avait eu garde de manquer à l'appel avec son capitaine *Pépésuc* (Pierre Pecrusse) sorte d'antique statue romaine, toujours restaurée, puis polluée par les couches de diverses couleurs dont on l'a peint, afin, pense-t-on, d'accroître son importance.

Les habitans de Perpignan, ceux de Narbonne accoururent à l'ouverture des jeux floraux; avec les premiers marchaient *les représentations des mystères*, sorte d'arches d'alliance, sur lesquelles on place d'énormes figures de bois, soit dorées, soit peintes, suivant la nature, la seconde paraissait conduisant l'abbé de la jeunesse et son cortège pompeux.

A Carcassonne, *le roi du Riatou* (du Roitelet) s'était mis en route paré de son manteau, de sa couronne, de son sceptre; sa cour nombreuse, leste, pimpante, attirait les regards. Les Tholosains eux - mêmes, divisés en pénitens, en pèlerins, en custodes des saintes reliques, en triomphes du roi des Ondes, du cacique sauvage, des comtes romains, etc., le recevaient généreusement; tous ces compatriotes parlant alors avec lui cette belle langue romane, dont depuis on a fait tant d'idiômes divers.

Il vint aussi des amateurs de la comté de Foix, du pays de Bigorre, d'Auch, de Leictoure, d'Agen, de Moissac, de Montauban, d'Alby, de Castres, de Rhodèz, de Revel, de Castelnaudarry, chaque famille étrangère avait son hôte, où on lui prodiguait les soins les plus hospitaliers, bon nombre de *ricos hombres* (hommes puissans) d'Espagne, des oyadors portugais, des marquis italiens, des magnats hongrois et bohêmes, des margraves et landgraves d'Allemagne, des comtes suédois, des bourguemestres hollandais et brabançons, des pairs de la Grande-Bretagne; on trouva même parmi la foule des kniais de Russie, venus d'un pays tellement obscur, que l'on prétendait que la moitié de ses habitans vivaient dans des ténèbres éternelles en commerce avec les morts, et l'autre sous l'âpreté d'un froid si aigre, que le vin et les résidus de vin, se gelaient chaque nuit.

C'était un beau coup d'œil que ce mélange, que cette variété et profusion de costumes élégans, riches et pittoresques. Le roi de Navarre, le prince de Béarn, le comte de Foix, le marquis de Provence, messire de Montmorenci, premier baron chrétien, le vicomte de Rohan, deuxième seigneur du duché de Bretagne, le duc d'Armagnac, les comtes d'Astarne, de Pardriec, de Lomagne, le baron de Langon et son frère Gaillard de Lamothe, cardinal de la sainte église romaine, tous deux neveux du feu pape Clément V, dont leur père Amanieu de Lamothe, baron souverain de Langon, avait épousé la Elpide de Goth sa sœur.

Là, on rencontrait en outre, le comte de Thezan, les Roquefeuille, les Villemur, les Loubens-Verdalles, les Pins, les Lavalette, les Nogarets, les Preissac, les Montesquiou-Fezensac, les Corneilhans, les Barbazans-Fodans, les Portes, les Xantrailles, les Valiech, les Saint-Félix, une foule de seigneurs, de barons des contrées voisines.

Les archevêques de Narbonne, d'Auch, de Bordeaux, les évêques nouvellement nommés, de Rieux, de Saint-Beat, de Castres, de Montauban, d'Alet, d'Agde, de Mirepoix, de Saint-Pons, ceux plus anciens de Perpignan (élus) de Carcassonne, de Lodève, de Rhodèz, d'Alby, de Montpelier, avaient tous trouvé à se loger au palais archiépiscopal (1), dont messire Jean de Comminge, cardinal et archevêque de Tholose, leur fit les honneurs.

---

(1) Toulouse, ville épiscopale depuis le troisième siècle, et qui eût Saint-Saturnin pour premier évêque, fut érigée en archevêché par le pape Jean XXII en 1317. Guillard de Preissac alors évêque fut déposé, et Jean de Comminge devint le premier archevêque de Toulouse comme son prédécesseur en avait été le dernier évêque.

XXII

Le Poète et le Rimeur.

> Le sot se croit ce que l'homme de génie hésite à se croire.

Enfin luisit ce beau jour, le 1er mai 1324, ce jour qui ouvrait pour la cité de Pallas, une suite si glorieuse de nobles triomphes littéraires, qui depuis, jusqu'à cette année 1837, se sont succédés, hors certains temps de calamité publique, où les muses se refusaient à rendre trop voyans la personne de leurs nourrissons.

C'était au *verger délicieux* du *barry de las Agostinas,* que s'élevait l'amphithéâtre dressé par les capitouls de ladite ville, là sur une estrade élevée, sous un dais d'étoffes riches, attachées à des arbres, ce qui ajoutait singulièrement à l'éclat de cette champêtre cérémonie, les feuillages et les fleurs couvrant la terre ; là dis-je, étaient les sept mainteneurs, savoir: messire Bernard de Panassac, *damoiseau;* maître Guillaume de Lobra, *bourgeois*; Pierre Camo; Guillaume Gontaut, *négociant,* ce dernier, néanmoins, appartenait malgré cette qualification à l'illustre maison de Biron; Beringuier de Saint-Plancat; Pierre de Méjanassera, *changeurs*; et Bernard Oth, *greffier de la cour du Viguier de Tholose.*

A leurs côtés avait pris place d'abord, et au bout du bureau sur lequel ils étaient appuyés, maître Guillaume Molènier, docteur en la gaie science et *chancelier* des sept seigneurs troubadours-mainteneurs; ensuite venaient revérendissime et éminentissime père en Dieu, messire Guillard de Lamothe Preissac, ex-évêque de Tholose; messire Jean de Trée, chevalier-sénéchal de ladite ville; messire Gauthier de Neuville damoiseau et Viguier de Tolose.

Tout auprès de cette compagnie illustre s'étaient assis les douze capitouls-gouverneurs perpétuels de Tolose, chefs de nobles; messire François Barravy, *seigneur de Villeneuve et de Frouzins;* Adhemar d'Aigremont, *damoiseau;* Arnaud de Samathan, *marchand;* Arnaud de Castelnau, *damoiseau,* fils de noble Raymond de Castelnau, chevalier; Pierre Vacquier, *marchand;*

Bernard de Morlanes, *damoiseau*, fils de Guillaume Pons de Morlannes Pierre Vacquier Nicolas de Croc; Bertrand-Julian; Guillaume de Puget, *damoiseau;* Mancip de Maurand, seigneur de Montrabe; Pierre de Portal, *fils de Raymond Gerand*; Guillaume de Pagèze, *damoiseau.*

Plus bas étaient les officiers de tous ces seigneurs, puis sur des amphithéâtres construits en regard de celui-là, siégeaient mêlés avec tous les nobles, tous les bons bourgeois de la ville et une foule charmante de dames; tous les rois, princes, seigneurs et hauts barons que nous avons signalés tout à l'heure.

Dès la veille, la violette de fin or avait été porté en cérémonie sur le maître-autel de l'unique église abbatiale de la Daurade (1)

---

(1) Cette église appartenant aux Bénédictins et

où elle se trouvait maintenant, elle y fût restée si aucun des concurrens n'avaient été digne du prix ; mais cette fois et comme les auteurs dont les ouvrages, sans avoir conquis le prix, méritèrent néanmoins un encouragement, ils furent appelés à tour de rôle pour soumettre leurs ouvrages au jugement du public, les lurent chacun comme ils l'entendirent.

Voilà que messire de Panassac accompagné de maîtres Gontaut et Oth, ayant tous trois quitté l'assemblée, se rendirent précédés de troubadours qui jouaient de plusieurs instrumens, escortés par la garde

---

existant à Toulouse, a été construite par les rois Visigoths sur les ruines d'un temple payen, on la démolit avant la révolution de 1788 pour la reconstruire sur les plans actuel ; c'était la vraie sépulture des comtes de Toulouse ; on y vénère une statue de la Vierge peinte en noir. (*Voyez* la note de la page 3 du tome premier.)

bourgeoise en armes et au grand complet, tout habillée de rouge avec des déchiquetures d'azur et de jaune qui sont les couleurs dé la ville et au milieu de laquelle flottait le grand drapeau Tholosain, au champ de gueules, à l'agneau passant d'argent portant la croix vidée, cléchée, pommelée, alaisée d'or, environnée d'un nymbe et ayant en chef à senextre et à dextre deux châteaux d'argent maçonnés de sable et qu'une couronne comtale sommait.

Quatre capitouls en robes de cérémonie, la même que celle des anciens comtes accompagnaient les trois mainteneurs, c'était le moment de les environner de cet éclat si utile au génie dont l'ambition se repait de fumée et se contente de vaine gloire, le hasard avait réuni là, messires de Barravi, de Castelnaud, de Morlanes et de Pagèze, tous quatre hauts gentilshommes, aussi chacun avait auprès de lui sa bannière ployée, qu'un écuyer portait à côté de son maître, tandis que celle de la cité Palladienne l'était par un des sires d'Aurival, famille noble et en possession héréditaire de cet honneur singulier.

Enfin la marche était fermée par les enfans de Tholose qui, la majeure partie, parce qu'ils allaient les pieds nus, sans chaperon et sans trop de vêtemens inutiles, n'en étaient pas moins fils de bonnes mères et n'acclamaient tant à cette cérémonie que parce qu'il y a long-temps que les gamins sont en possession d'être les plus déraisonnables des cités, qu'un jour ils illustreront comme ils l'ont fait jusqu'ici.

Les rues par où passa le cortège avaient été solennellement appropriées à la fête, les murailles étant garnies de tapisseries de haute lice, des tapis de Turquie, de damas, drap de velours de serge, de soie, le curé moine attendait avec ses accolytes, aux pieds de l'autel soigneusement illuminé, la venue de trois mainteneurs.

Le bruit des tambours, des trompettes, celui des ménestrels, les acclamations de la multitude enchantée de la nouveauté et de l'éclat productif d'un tel spectacle annoncèrent que les députés de la plus auguste solennité arrivaient dans l'église, aussitôt le curé ayant fait prendre à certains de ses acolytes, des torches, des reliquaires, voulut s'avancer en la compagnie noble et érudite, qui lui arrivait.

Nul, parmi les présens, ne s'attendait à la longue et sage harangue que prononcerait le curé après la bénédiction de violette et la remise au damoiseau Panassac chef des mainteneurs, celui-ci ou pour mieux dire ces personnages communs dont a fait depuis tant de caricatures injustes, ayant négligé de répondre et s'étant contenté de saluer à propos en s'éloignant. Ce mutisme devint une vraie règle en usage qui ne se perdit que quelque temps après.

Cependant et en l'absence des trois mainteneurs on avait, comme je l'ai dit, appelé successivement tous les poètes aux œuvres monter en rang utile et la lecture de cet acte bienveillant se poursuivait encore, lorsque des cris d'allégresse annoncèrent là aussi, le retour des trois députés, Panassac posa sur le bureau *la Joie de la violette de fin or* et presque aussitôt maître Guillaume Molinier, s'étant levé, appela messire Arnaud Vidal de Castelnaudary, tant pour venir prendre des mains des sept mainteneurs *la Joie d'or fin*, si loyalement gagnée, et la couronne de laurier non moins méritée que pour faire lui-même lecture du sirvente qu'il avait composé en l'honneur de la très sainte Vierge.

Un incident étrange troubla la cérémonie en ce moment, déjà en vertu de la proclamation du chancelier des mainteneurs, Pierre Vidal s'avançait lorsqu'on vit un individu que nul ne connut alors, se lever, marcher lui aussi droit à l'estrade des chefs de la fête et là, s'adressant, soit aux sept juges, soit aux nobles témoins de leur décision, il les interpella en se plaignant, s'il n'avait pas toutefois mérité le prix, pourquoi on s'était opposé à ce qu'il fît à son tour la lecture de son incomparable poème.

— Mais, mon maître, lui dit avec impatience maître Oth, le premier placé auprès de lui, si par cas on s'est dispensé de faire mention de l'œuvre dont vous parlez, c'est que nous l'aurons mise au rebut avec nombre d'autres, je vous prie.

— Au rebut! dit avec une indignation concentrée ledit poète, la chose est-elle possible, lorsqu'il s'agit d'un poète aussi sublime que Pierre Vidal et encore qui tardera peu à l'écraser s'il lui prend fantaisie d'écrire.

En attendant que la chose si bouffonne eut lieu, toute la belle assemblée ayant entendu la folie de cette imagination qui, sans hésiter, se proclamait au-dessus du plus auguste troubadour Tholosain, partit d'un éclat de rire si plaisant, si plein d'ironie, que le malheureux, en provocation de cet gaîté cruelle, ressentit tout ce qu'a d'amer le non triomphe dont il se berçait dès le premier moment; sa douleur désespérée ne fait que s'accroître, lorsque le chancelier qui venait de parcourir le catalogue des pièces de vers reçues lui montra la sienne entièrement mise à l'écart.

Le pauvre ou pour mieux dire le profond et savant poète Paschal Bonnet, tout anéanti de ses chûtes continuelles de la gaîté malveillante de plus en plus attachée à son nom, descendit aussi humblement l'estrade que tout à l'heure il avait monté avec tant d'arrogance et chercha les moyens d'échapper à une autre explosion du rire fou que son orgueil venait de provoquer.

Cela ne lui était plus possible tous voulant le voir de plus près et le connaître formèrent autour de lui une foule de curieux qui le huaient, qui se moquaient de lui, par ces railleries ces quolibets mordans dont les gens du midi manient avec tant d'aisance les flèches acérées ; encore aurait-il galamment supporté ce pénible assaut, si d'un côté messire Arnaud Vidal de Castelnaudary qui, sur l'invitation du chancelier ne se fut avancé et n'eut aperçu dans ce troubadour malencontreux, les traits du personnage avec lequel il avait fait son entrée naguère à Tholose.

Ce grand poète touché du malheur de Paschal, essaya de le consoler par des paroles bienveillantes ; loin de calmer la gaîté publique, cette liaison ainsi dévoilée lui fournit un nouveau véhicule, on criait à l'écuyer du comte Izalguier, s'il n'avait pas de honte de trouver si mal, lorsqu'il était en si belle école, on lui demandait de quel prix il payait au vainqueur des jeux, les leçons profitables qu'il en recevait.

Ce ne fut pas assez pour punir, à la fois, l'amour-propre et l'égoïsme, le sort lui réservait un nouveau déboire. J'ai dit que le comte de Thezan était assis parmi les seigneurs invités à la poétique séance, lui, quoique plus occupé de la perte de sa fille que des vers débités devant lui, ne resta pas insensible au milieu de la confusion provoquée par cet incident : désireux de savoir quel fanfaron laissait éclater une si haute opinion de soi-même, il jeta les yeux du côté où l'infortuné Paschal passait un si fâcheux quart d'heure et d'un premier regard, l'ayant reconnu, il voulut tout à la fois et le délivrer de la moquerie croissante et apprendre de lui des nouvelles de son neveu; en conséquence, se tournant vers son premier gentilhomme (1) il lui commanda de délivrer Paschal et de l'amener près de lui.

---

(1) A cette époque les hauts barons, les princes, les nobles riches avaient à leur suite et uniquement pour leur faire cortège, autant de gentilshommes qu'ils pouvaient en solder. Nulle dérogeance ne s'attachant à ce service tout d'honneur, il en coûtait par cavalier noble environ 500 et plus tard 1000 francs de notre monnaie et avec cette somme, le gentilhomme devait se loger dans les villes, se nourrir et s'habiller.

Tout autre en occurrence pareille aurait remercié la puissante et propice intervention qui le sauvait d'une humiliation prolongée; mais sa vanité folle ne vit dans le message que des conséquences funestes, savoir que désormais les Izalguier, les Thesan et les familles leurs amies, auraient à fond la connaissance de cette piteuse mésaventure et qu'elle servirait à le punir éternellement.

Néanmoins ne pouvant se refuser à l'appel honorable et protecteur du comte, il alla droit à lui et pour détourner la conversation du cas présent lui conta en s'excusant avec maladresse, ce qu'Izalguier l'avait chargé de dire à son parent bien-aimé.

Ce ne fut pas sans mécontentement que le sire de Thezan se convainquit en cette circonstance que l'écuyer de son neveu, en négligeant de le prévenir à temps, lui avait fait perdre des heures précieuses ; aussi loin de vouloir assister aux fêtes qui suivirent le couronnement de messire Pierre Vidal, il partit aussitôt qu'il le put sans manquer à celui-ci.

On ne l'attendait pas au château de Beauvoir, où son arrivée jeta dans une vive inquiétude la comtesse Ursule. Son premier soin, après avoir embrassé le comte Pons Izalguier, son beau-frère, fut de demander pourquoi son neveu n'était pas venu le premier lui faire les honneurs du noble manoir ?

— Sans doute, il n'y eût pas manqué, se hâta de répondre la comtesse, si par un caprice étrange il ne fût point parti il y a peu de jours avec une précipitation telle, qu'il n'en a point prévenu son père, et qu'il ne s'est fait suivre ni par les écuyers, les pages et les autres officiers de sa maison.

Le sire de Thezan, surpris de ce qu'on lui apprenait, se tourna vers son beau-frère, qu'il regarda fixement comme pour lui demander l'explication d'une démarche aussi extraordinaire. Le vieux comte, lui, à son tour, se mit à dire amèrement :

— Noble et gentil beau-frère, nous faisons bien de nous en aller, les générations qui viennent ne ressembleront en rien à la nôtre et à celles qui la précédèrent ; la jeunesse, maintenant, est arrogante, audacieuse, vaine, indocile ; elle nous taxe d'ignorance, et dans son orgueil superbe parle avec dédain de nos grands coups d'épée. Certes, jamais je n'eusse osé, adolescent, soumis, entreprendre une chevauchée sans en avoir obtenu la permission de l'auteur de mes jours. La comtesse vous dit vrai ; mon fils, tout préoccupé du désir de retrouver votre malheureuse fille, s'en est allé, selon toute apparence, tenter, à l'aide propice d'un déguisement, de pénétrer dans le camp de Poulpiquet; c'est là du moins la seule conjecture raisonnable; car, à moins de nécessité d'un mystère absolu, je ne peux comprendre la sortie aventureuse de mon fils.

A ce propos qui rouvrait ses blessures, le comte de Thezan se leva plein de courroux, il avoua avec autant de douleur que de colère l'inutilité de ses recherches pour atteindre ou rencontrer le brigand audacieux dont il avait tant à souffrir.

— Le scélérat, s'écria-t-il, devient invisible à tel point; il se multiplie. Le même jour, on venait m'apprendre qu'il s'était montré dans les forêts de Bouconne, de Vaquiers, de Balma, de Basège; d'autres prétendaient dans le temps l'avoir vu traversant la Garonne sous les murs de Grenade, ou franchir, à la tête de sa meilleure bande, les collines de Pech-d'Avid. Selon les uns, il se serait aventuré presque dans Tholose. Si bien que tant de versions diverses multiplient mes incertitudes, je n'ai pu jusques aujourd'hui savoir où le prendre, et en quel lieu le demander; les capitaines ont mis du monde en campagne; le comte de Foix fait battre l'estrade dans ses états; il faudra bien qu'enfin ce misérable tombe dans quelque embuscade; alors je pourrai le punir et me venger.

— Ce qui m'étonne le plus en cette affaire, dit l'hypocrite Ursule, c'est que ce chef de voleurs, dont le but unique doit être de chercher à augmenter son pécule, ne vous ait pas proposé de vous rendre votre fille en retour d'une forte rançon.

— Ce silence, répartit le comte, est pré-

cisément ce qui m'inquiète davantage ;
on dirait qu'il existe une cause occulte à
l'enlèvement de ma fille, et que la sévérité
avec laquelle on la garde provient d'un motif de vengeance ou d'intérêt supérieur aux
habitudes de Poulpiquet; au demeurant,
je multiplie les explorateurs, je prodigue
l'or, et malheur à la personne coupable qui
aura agi contre mon bonheur.

Plus le sire de Thezan s'énonçait avec
cette véhémence, plus, et malgré elle, la
comtesse éprouvait de l'embarras; ce fut
en ce moment que, pour la première fois,
elle envisagea avec une terreur accablante
les conséquences terribles qui résulteraient
pour elle d'une découverte qui la perdrait;
mais avec combien plus d'invincible effroi
se mit-elle à trembler, en pensant qu'elle
serait perdue si son mystérieux ennemi

parvenait à soupçonner la part qu'elle-même avait pris à cet acte odieux.

La présence du comte de Thezan l'embarrassait; elle n'osait le questionner sur ses projets ultérieurs, et ce fut avec une satisfaction qu'elle eut grand peine à dissimuler que ses oreilles entendirent ce seigneur annoncer sa résolution de repartir dès le lendemain pour Tholose, où il avait donné rendez-vous à ses nombreux émissaires, et où il croyait que son neveu, s'il savait quelque chose, ne tarderait pas à venir le rejoindre. Vainement, son beau-frère et la comtesse, quoiqu'elle fût tremblante du succès, le conjurèrent-ils de leur accorder le reste de la semaine; il se montra inflexible sur ce point.

XXIII

Trahison.

> Malheur à la vertu qui ne demeure pas
> en défiance perpétuelle de la malice.

Le vicomte Gallois Izalguier, en attendant, ai-je dit, l'inconnu mystérieux qui lui avait annoncé sa venue pour cette nuit même, s'était jeté tout habillé sur un vaste fauteuil où un sommeil puissant l'ayant surpris, il ne se trouva pas à son aise lorsque, le réveil venu, il se vit non dans le château de Beauvoir, et dans sa chambre particulière où il s'était endormi, mais couché sur un méchant grabat, sous une voûte inconnue, sans qu'il ait la liberté de ses mouvemens, puisqu'une double chaîne de fer, scellée dans la muraille, le retenait par le milieu du corps et ne lui laissait qu'imparfaitement l'usage de ses pieds et de ses mains.

Avant qu'il s'avouât l'indignité de sa situation, avant que sa colère consentît à reconnaître la lâche, l'odieuse trahison dans laquelle il était tombé, un espace considérable de temps s'écoula, ce fut alors qu'il se reprocha avec une vivacité véhémente son inimaginable folie, sa sotte confiance envers une femme perfide, qui n'avait feint de lui céder en toutes choses que pour le perdre avec plus de facilité.

Ce ne pouvait, pensait-il, être autre que sa marâtre, qui l'avait plongé dans ce cachot, il aurait eu sur elle trop d'avantages matériels, s'il fût demeuré libre avec la connaissance des secrets de cette femme coupable, et la lettre importante qu'un quiproquo lui avait apporté, aussitôt qu'il rêva à celle-ci, il chercha à reconnaître si elle ne serait pas dans le pli de sa ceinture où il avait l'habitude de l'y renfermer; combien ne ressentit-il pas un dur serrement de cœur et un redoublement d'affliction, lorsque par l'absence de cette pièce importante, il reconnut que désormais tout ce qu'il tenterait auprès de son père, s'il le revoyait jamais, pour perdre Ursule, serait en pure perte, puisqu'il ne lui serait plus possible d'en faire juger sur le témoignage irrévocable de ce papier.

Sans doute que pendant l'assoupissement

factice dont on l'avait taché, on aurait à la fois fouillé son sein, son aumônière, et employé ce temps à le transporter dans la hideuse prison où il se trouvait momentanément détenu.

Il en fit l'examen sévère, cherchant à fixer l'endroit où on l'avait conduit, il y avait des instans où il se figurait que ce n'était pas dans le propre château de son père qu'on le retenait, qu'il était impossible qu'on l'eût amené trop loin de son manoir.

Cependant il ne retrouvait dans le brief espace autour duquel il étendait sa vue, rien qui lui rappelât les portions du souterrain que naguère il avait parcouru, enfin était-il sûr d'être l'esclave de la comtesse. L'audacieux Poulpiquet ne pouvait-il pas être son tyran, lui qui certes ne devait se croire en sûreté qu'imparfaitement, tant que le vicomte Izalguier demeurerait libre sans le poursuivre.

Voulant de plus près examiner avec attention l'espace qui le renfermait, et s'il ne pourrait pas en retirer des probabilités convaincantes sur son état actuel; il se souleva de dessus le grabat sur lequel on l'avait couché. Ce mouvement ayant imprimé une oscillation extrême à la triple chaîne par laquelle on avait voulu le retenir, alors il s'aperçut que non-seulement il était détenu; mais encore que la scélératesse de son ennemi s'étendait jusques à le garrotter étroitement.

Cette certitude abattit son courage, des larmes mouillèrent ses yeux, et trop accablé pour chercher des distractions en dehors de la situation présente, il ne voulut pas espérer; mais porté à blasphémer par dépit, il eut fort à faire pour parvenir à se vaincre un peu plus tard.

Lorsque Jupiter veut perdre un homme, disaient les Grecs, il le réduit au désespoir : c'était la position d'Izalguier; il se rejeta sur son lit, et sans s'informer ou non si on lui avait apporté de la nourriture, ou s'il était réservé à périr dans les angoisses inexprimables de la faim ; là, fermant les yeux, s'isolant du reste de la société, il se prépara à subir avec une indifférence apparente le supplice atroce auquel il était destiné.

Soit que la potion sommifère, qui naguère avait agi sur son être, se remit à le tourmenter, soit qu'en réalité il eût essayé de se remettre sous son empire, il arriva que son âme semblait être étrangère à ce qui se passait à son entour, lorsqu'il fut retiré de cette insensibilité morale, par le contact d'un bras dur tel que le fer qui le toucha sur la main.

Aussitôt rouvrant les yeux et se redressant sur son séant, il reconnut distinctement, à la clarté de la lampe qu'on laissait pour le distraire, que le féroce Poulpiquet était debout devant lui. Certes, l'aspect de ce brigand ne pouvait le satisfaire ; aussi et sans daigner lui parler, il se contenta de le regarder avec mépris et dédain.

Le brigand, de son côté, bien qu'il eût l'universalité de l'avantage matériel, comprenait trop la justesse des reproches qu'on pourrait lui adresser pour se maintenir dans cette réserve froide et hautaine qui ne convient d'ailleurs qu'à la vertu en face du vice et de la déception.

Ce qui achevait de contrarier le bandit était cette sombre indifférence, ce vain dédain qui lui devenaient si poignans ; enfin, et dans le but de provoquer une explication avantageuse à ses intérêts particuliers, il se mit à entamer la conversation.

— Salut à messire le vicomte Gallois Izalguier, dit-il, je lui fais mes complimens de son entrée dans les terres de mon domaine.

— J'ignorais, répliqua le prisonnier avec une indignation concentrée, que le château de Beauvoir fût passé au commandement d'un assassin, d'un détrousseur de grande route, et d'un incendiaire.

— Oh! messire! holà! ne vous montrez pas tant généreux à qualifier ainsi de bons vivans qui peu ou point vous valent bien; car enfin le vaincu peut-il dire du mal de son vainqueur?

— Poulpiquet, lui fut-il réparti cette fois avec un dédain encore supérieur à tout ce qui s'était passé, je le répète, épargne-toi un mensonge inutile. Non, je ne suis aucunement soumis à ton pouvoir, à moins que ma marâtre elle-même n'ait consenti à t'investir de son autorité.

— Je vois, répartit le brigand de plus en plus mis hors de lui, que l'arrogance est innée à certains personnages; en voilà un, par exemple, qui, tout chargé de fers, ose me parler comme si tout à coup nos positions eussent été interverties.

— Je ne me soucie, répondit Izalguier, oui, je ne me soucie aucunement de lutter avec toi et de combattre de paroles; je sais où je suis, je devais te le déclarer. Maintenant que ce point est épuisé, comme ta visite m'est encore moins agréable, et que j'ai à t'entendre, fais-moi connaître à quelles conditions ceux qui m'oppriment consentiront à me rendre la liberté; je suis prêt à souscrire à tout ce qui sera raisonnable, pourvu qu'en résultat, je cesse de te voir.

— Tu es franc, se mit à dire le voleur dont l'effronterie se trouvait néanmoins embarrassée de cette sincérité dédaigneuse; oui, trop franc; car à la manière dont tu parles, je crains qu'il ne nous soit impossible de nous entendre; ta sortie de prison dépend du pacte qui sera conclu avec toi.

— Dans ce cas, elle doit être éternelle.

— Quoi! tu préférerais vivre et mourir dans cette misérable situation, plutôt que d'accepter, avec la main d'une jolie personne, une fortune immense que l'on t'abandonnera pour en faire à ta volonté!

— Poulpiquet, répliqua le vicomte, quelque désagréable que me soit ta présence, encore m'est-elle moins odieuse que celle de la femme intrigante qui t'envoie, tu fais ton métier avec courage, tu attaques à main armée, et sous ton avidité, l'on doit reconnaître pourtant de la bravoure; tu ne peux me haïr de cette haine vigoureuse que fait naître un contact de tous les jours, une lutte perpétuelle. On t'a dit de me nuire, tu t'y es prêté, quoiqu'au fond la chose te doive être indifférente. Crois-moi, ne sors pas de cette position, reste neutre, tu la domineras enfin pour ne perdre aucun de tes avantages. Supposons-nous deux puissances en guerre qui, lasses de se faire du mal, se rapprochent par un traité. Que t'en semble?

Il y avait trop de l'enfant de la nature dans ce personnage, pour qu'au début du propos d'Izalguier, sa vanité d'homme du commun ne se sentît pas agréablement chatouillée de l'hommage que lui rendait un haut seigneur. Le contentement qu'il en éprouvait brillait sur sa figure, et par degré s'évanouit à mesure que son interlocuteur poursuivait son discours. La décroissance fut telle, que lorsque celui-ci acheva, il ne resta sur les traits grossiers et énergiques de l'enfant du crime, que le dépit et le mécontentement; aussi se hâta-t-il de s'écrier :

— De par tous les diables! tu te trompes, sire, d'une étrange façon, si tu crois qu'il ne m'importe aucunement que tu épouses la jeune Helmonde; je suis... son... oncle... son parrain, et à ces deux titres, la chère enfant a ma tendresse; ainsi le besoin de son bonheur, l'intérêt du repos que me procurerait ton alliance, sont deux forts véhicules devant lesquels doit reculer toute considération vulgaire.

— Quoi! si je remettais pour toi, pour ta troupe d'abord l'absolution canonique de vos péchés, fulminée en plein consistoire par notre saint-père le pape.....

—Ce serait une bonne chose, dit Poulpiquet impétueusement, et interrompant Izalguier.

— Si, continua celui-ci sans s'arrêter à ce point auquel le brigand catholique attachait tant de prix, si, en outre, tu recevais un diplôme royal enregistré au parlement de Paris, portant encore pardon plein et entier de tes crimes, exactions, pilleries, etc., à la condition seule de former un corps militaire pour le plus grand profit du seigneur roi; si d'une autre part le comte de Thezan et moi te disions de régler toi-même la rançon à laquelle tu voudrais soumettre ma cousine; et moi qui te parle, si enfin, et pour dernière condition je m'engageais à faire faire à Helmonde un mariage honorable, et que j'en fournirais la dot, tout cela ne te semblerait-il pas suffisant et assez lucratif pour le regarder comme ta plus brillante affaire.

— Je voudrais voir au fin fond du gouffre de la mer, se mit à dire Poulpiquet, tandis que son pied battait rapidement la terre, l'amour ainsi que le cœur des jeunes filles, et par-dessus cela l'ambition de celles qui portent des cotillons; il n'est pas un des miens qui, en retour de cette offre brillante, ne te tendît la main et n'en remît l'exécution à son honneur; mais ici la chose, par malheur, ne peut cheminer aussi vite, je te le répète : c'est toi qu'Helmonde veut, et sa tante prétend qu'à moins de cet hymen toute notre famille sera perdue.

— Sa tante! dit Izalguier en cédant imprudemment à sa mauvaise humeur, dis sa mère; ne te doit-elle pas aussi le jour?

— Eh bien! puisque tu es aussi bien instruit, dois-tu à ton tour trouver étrange que j'aime ma fille, que je cherche à la rendre heureuse; cède à la nécessité : prends sa main, elle a des vertus... elle vaut mieux que ses proches.

— Mon affection ne me permet pas de tromper ta fille : son bonheur serait compromis avec moi, je ne l'épouserai jamais, telle est ma dernière réponse.

— Dans ce cas, repartit Poulpiquet dont la superbe s'alluma au chagrin de l'amour paternel si douloureusement blessé, dans ce cas, souviens-toi que ces murailles souterraines ne te rendront pas vivant à ton père; adieu.

Le voleur, en terminant cette phrase désespérante, se recula et disparut à travers la dalle pivotante : le bruit de ses pas tarda peu à s'évanouir dans l'immensité de ces souterrains.

Izalguier seul, cédant à un premier mouvement de faiblesse, se querella de la franchise qu'il avait montré; mais tardant peu à revenir à ses sentimens naturels, il s'applaudit au contraire de ne pas s'être mis au-dessous de ce scélérat en le trompant. Son désespoir fut extrême, il se voyait jeté à son printemps dans les entrailles de la terre, vendu à une femme haineuse qui deviendrait plus sévère; s'il était excité par quelque doux sentiment, un avenir affreux se montrait à lui, obscur, sans terme : il n'osait l'envisager qu'en frissonnant.

D'une autre part, cette espérance consolante qui, la dernière nous abandonne, elle dont l'absence fait le tourment réel de l'enfer, lui montrait des aides, des soutiens au milieu de ces ténèbres inertes dans lesquelles il se voyait; il se rappelait en ce moment et Richard-le-Noir, lieutenant de

Poulpiquet, dont déjà le concours lui avait été utile, mais plus encore ce personnage qui, le premier, lui avait ouvert les grottes dans lesquelles sans doute on le tenait maintenant enchaîné; celui-là ne s'apercevait-il pas de sa disparution, et dès-lors ne le chercherait-il pas dans des lieux dont chaque parcelle lui était soumise? et, se livrant à une investigation ardue, n'arriverait-il pas à son cachot avec la liberté?

D'une autre part, les infortunés ne rejettent rien de ce qui les berce délicieusement; son oncle, son père, sa sœur, Barthélemy lui-même, ne se tourmenteraient-ils pas de ne recevoir de lui aucune nouvelle? admettraient-ils valable tout conte dont il serait l'objet? non, certes, Barthélemy surtout, quoique le moins élevé, devenait celui en qui le noble Izalguier plaçait la confiance la plus complète, ne doutant pas que l'activité de ce jeune homme, son frère de lait, ne fût stimulée constamment par la vieille et sincère tendresse de Marguerite leur mère commune.

— Oui! s'écria le vicomte, oui! ma délivrance me viendra de ma nourrice et de mon écuyer; cependant, au lieu de me décourager, conservons des forces pour soutenir la lutte qu'on me prépare; morbleu! que je voudrais avoir un théorbe pour soutenir ma voix, peut-être les éclats de celle-ci m'amèneraient-ils un libérateur; averti par mes chants de la présence d'un malheureux de plus dans cette abominable prison.

A ces derniers mots, un soupir profond s'échappa de sa bouche au souvenir de sa mère qu'il croyait vivante, et comme lui soumise au pouvoir de ses ennemis.

XXIV

La Fille qui fait elle-même ses affaires.

> Quand on a de bonne heure renoncé à la pudeur, on a pour arme la duplicité et les vices.

Les heures s'écoulaient sans que la position d'Izalguier fut améliorée ; chargé de fers rigoureux, il pouvait néanmoins atteindre à une table voisine, sur laquelle à l'entour d'une lampe de cuivre jaune à quatre becs, on avait posé divers mets en viandes froides, du pain, du vin et une coupe. Lui, dédaigna long-temps de répondre aux sollicitations instantes de son appétit, en contradiction avec son chagrin; cependant le besoin physique devenait pressant, il le reconnut, s'en indigna, et y céda avec une sorte de honte.

Il achevait son repas silencieux, lorsqu'il entendit le bruit sonore de gens venant à lui; tout incident avait des charmes dans cette situation; aussi attendit-il avec impatience, et même avec joie, les nouveaux rapports qui allaient s'établir entre lui et les habitans de cette terre, qu'il ne devait plus revoir, au dire du féroce brigand.

La dalle joua: une vive clarté provenant d'une lanterne sourde, lui laissa voir un personnage de haute taille, enveloppé dans une cape, qui se tenait en arrière comme s'il eût craint ou qu'il ne se fût pas soucié de se laisser voir, celui-là n'entra point, et se tint immobile tant que son compagnon fut avec le vicomte, bien que par sa présence, il justifiait en quelque sorte la visite étrange que recevait Izalguier.

Certes de tous ceux dont il pouvait prévoir la venue; la dernière qu'il se serait attendu à recevoir, était précisement celle qui se montra à lui, c'était Helmonde!!... Helmonde elle-même, tremblante, timide, embarrassée, et sous le long voile qui la couvrait, essayant de dissimuler une partie des vives impressions qui agitaient son âme.

Le vicomte dans la circonstance, conjecturant la cause qui amenait cette jeune fille, crut y connaître un calcul inconvenant, sa délicatesse se révolta, s'indigna même du rôle dégradant qu'Helmonde consentait à remplir, en conséquence, au lieu de l'accueillir, ou avec la familiarité découlant d'une liaison remontant à leur enfance commune, ou avec le respect dont tout homme bien né ne se départ jamais envers les femmes qui ont le plus léger droit à son estime, son affection ou son respect, il se maintint vis-à-vis d'elle dans cette froideur méprisante qui blesse si profondément un cœur orgueilleux ou tout à la vertu; en un lieu différent, il eut entamé la conversation, se fût recrié sur son bonheur, eût demandé le motif de cette apparition agréable; maintenant dis-je, il se tut, attendant l'attaque qu'on lui préparait.

Helmonde de son côté, entraînée par le sentiment qui l'égarait, amoureuse, jalouse, timide et colère, comprenait tout ce que pensait Izalguier, mais en accourant, elle avait cédé à l'entraînement de sa passion, déguisée, néanmoins, sous l'apparence d'une bonne action; elle aurait payé cher une parole bienveillante, un geste gracieux, un sourire attirant qui l'eussent encouragé, mais loin de l'obtenir, elle voyait devant elle une froide statue, dont le front glacé lui annonçait l'indifférence et le dédain.

Ce silence pénible pour elle, déplaisant pour Izalguier, aurait pu se prolonger longtemps, sa durée infligeait un véritable supplice à cette insensée, celui qu'au mépris de toutes les convenances, elle était venu chercher; loin de lui alléger sa tâche, la rendait plus lourde en s'obstinant à un silence injurieux; elle, enfin, comprenant qu'il fallait parler, s'enveloppa encore davantage dans le voile qui, à la mode des femmes nobles, partant de la coiffure, allait flotter et traîner à terre, afin que son indifférent auditeur ne pût trop jouir de sa

pâleur, de sa rougeur subite et de sa honte;
cette disposition toute pudique prise, elle
éleva la voix, mais avec ces désinences
sourdes, qui sont à peine entendues, quant
un sentiment chaleureux excite au propos.

— Ma présence dit-elle, et les mots
tremblaient dans sa bouche, doit étonner
celui que, dès mon adolescence, je saluais
du doux nom de frère; m'attendait-il?
non, devais-je venir à lui? non encore! cependant je l'ai fait parce que je me suis sentie la puissance de le servir; il est si doux
de faire du bien à ceux qui nous sont
chers.

- Ici, la vigueur manqua à la jeune fille,
et la parole expira dans sa bouche. Le
moindre encouragement l'aurait rendue si
heureuse, un mot lui eût été une dette de
reconnaissance, mais comme ce qu'elle

avait dit n'était pas une question, Izalguier, bien qu'ému, ne crut pas devoir se départir de son mutisme, Helmonde était demeurée debout, ses genoux flageolait sur elle; alors elle s'appuya contre la muraille, et soudainement irritée contre un ingrat, reprenant courage :

— Sire, dit-elle, celui qui naguère m'a précédée ici, vous a quitté avec tant de promptitude, qu'il n'a pu vous délivrer des fers indignes dont vous avaient chargé des subalternes toujours empressés à dépasser en cruauté les instructions de leurs maîtres; cette personne regrette sincèrement que votre sévérité en la poussant à la colère, lui ait fait négliger un acte de convenance et de devoir..... Voilà, poursuivit-elle, la clef de vos fers, peut-être suffirez-vous seul à les détacher, si par cas vous y trouvez de la difficulté, il y a là quelqu'un qui m'accompagne, car je me serais déterminée péniblement à venir seule dans ces souterrains et auprès de vous; faut-il que je l'appelle?

Malgré la répulsion que les événemens maintenaient dans le cœur d'Izalguier contre la jeune fille, son impartialité lui sut gré de tout ce qu'il y avait de pudique dans l'explication qu'elle venait de donner; il est certain que la présence d'un tiers lavait complètement Helmonde de tout ce qu'avait d'inconvenant sa démarche. Il en fut bien aise pour elle; et, cette fois, il crut ne pouvoir le taire plus long-temps.

— Je ne me doutais pas, dit-il, de toute l'amertume qu'une chaîne matérielle ajoute aux angoisses de l'âme; je ne balancerai pas, damoiselle, de vous remercier du service que vous me rendez; je crois inutile qu'on vienne à mon aide : voyez plutôt.....

Il avait introduit la clé dans les gardes successives, et avait fait partir les ressorts, et les fers qu'il secoua retombèrent sur le plancher avec un cliquetis lugubre dont le son navra l'âme d'Helmonde.

— En vérité, poursuivit-il, car de plus en plus il sentait augmenter sa bienveillance, si maintenant je pouvais prendre ma volée, il me semble que tous mes vœux seraient comblés.

— Vous ne dites pas toute votre pensée, répartit Helmonde en secouant la lèvre. Hélas! je sais une personne qui serait aussi véritablement heureuse si tous vos vœux se bornaient à sortir vîte de ce souterrain. Au demeurant, sire vicomte, si votre bonheur est tant attaché à votre liberté, acceptez-la de ma main; celui qui m'accompagne ne me déniera en rien; je sais une issue qui s'ouvre dans la campagne; venez, je vais vous la montrer. Encore quelques minutes, et peut-être me devrez-vous de la reconnaissance.

Helmonde, entraînée par son idée, fit deux pas vers la porte; mais n'entendant point derrière elle le bruit que devait faire celui qui la suivait, elle se retourna et vit qu'Izalguier était resté assis sur le rebord du lit, n'ayant pas d'autre siège, puisque la seule chaise dont il eût pu disposer, il l'avait mise mentalement à l'ordre de la jeune fille.

Elle, étonnée, ne continua pas son mouvement de sortie, s'arrêta immobile, et, d'une voix agitée, se mit à dire :

— Vous ne m'avez donc pas entendu?

— Il m'eût été bien pénible qu'une aussi généreuse offre n'eût pas été de mon oreille à mon cœur, répondit le jeune Gallois; croyez en mon éternelle reconnaissance;

mais je ne puis accepter ma liberté de cette façon.

— Vous me refusez, s'écria Helmonde. Quoi! mon Dieu! vous suis-je donc tant odieuse, que l'idée d'un service qui se rattacherait à ma personne vous soit insupportable à conserver!

— C'est à votre tour, repartit Izalguier, à donner une tournure peu bienveillante à mes paroles. Faut-il précisément que ma détermination de ne pas profiter de votre bonne volonté appartienne plutôt à un sentiment de haine qu'à la crainte de vous compromettre? Ceux qui, abusant de ma loyauté, m'ont amené dans cette triste demeure, comptent retirer de grands avantages de cette injuste détention, il me semble impossible qu'ils ne vous en veuillent pas de leur avoir ravi leur espérance; et je serais trop chagrin qu'il en résultât des désagrémens et des reproches pour vous, sans que d'une autre part vous en soyez dédommagée.

— Je vous entends, sire, dit Helmonde, tandis que sa voix se remplissait de larmes, non seulement votre cœur ne veut pas m'aimer, mais encore il se refuse à laisser au temps cet espoir qui toujours l'accompagne.

— Ma main est promise dès mon enfance, et les affections de l'âme ont suivi le don de la main.

— Pourquoi me l'apprendre, pourquoi me le répéter cruellement, est-ce pour vous venger des actes de mes proches, que vous prenez plaisir à torturer leur fille, au nom de Dieu! vous qu'accoutumée à regarder comme frère, j'ai, trop imprudente, accueilli d'un fatal sentiment; soyez moins cruel, moins barbare, maintenez-vous dans cette noblesse délicate, partage de ceux de votre caste, souffrez qu'une femme fasse de vous son rêve chéri, et ne détruisez pas celui-ci par le désir d'une cruelle vengeance.

Les pleurs l'empêchèrent de continuer, et se laissant tomber sur la chaîne qui était proche d'elle, ayant le bras pendant, son corps courbé, et penchant la tête, elle soupira en présentant l'image déchirante de l'amour au désespoir ; Izalguier ne se croyait pas aimé avec cette véhémence naïve, il avait cru d'abord qu'Helmonde, accoutumée à vivre près de lui, n'avait vu dans ce projet de mariage qu'une satisfaction d'orgueil, aussi ne s'était-il aucunement arrêté à ce qui, dans cette triste affaire, pouvait toucher aux affections réelles, mais la scène dans laquelle il jouait un rôle désagréable, donna un cours nouveau à ses idées.

— Chère sœur, dit-il en employant une qualification à laquelle l'oreille d'Helmonde n'était pas accoutumée, pensez-vous qu'au moment où vous me faites lire dans un sentiment dont je suis si flatté, je puisse consentir à en profiter, à saisir l'ascendant que votre loyauté me donne sur vous pour me soustraire au joug de vos parens, ce serait à mes yeux une action basse, ce serait me charger d'un poids, d'une reconnaissance dont la stérilité ne vous contenterait pas, entraînée malgré vous vers un but qu'on vous a montré imprudemment comme facile à atteindre, on vous a persuadé que je vous aimerais d'amour, vous êtes si gracieuse, si attachante, si belle, tant de qualités rehaussent en vous des attraits que j'ai tant de fois admiré, que facilement vous avez pu croire à ma flamme, le nombre de vos chevaliers servans est si considérable que vous eussiez rougi si on fût venu vous dire : il y en a un qui ne voudra pas en faire partie, ou qui pour mieux dire, ne le pourra pas, car il est homme d'honneur, et des promesses antérieures le lient; ce cas fatal est arrivé, j'en meurs de regret et de honte, je m'indigne à la pensée d'avoir eu sous mes yeux ce riche trésor que je n'ai pas su voir, c'est là mon tort, ne me le pardonnez jamais que le dépit vienne à votre aide, le dépit accoutumé à vaincre l'amour.

Helmonde entendit ces paroles embarrassées avec une douloureuse sensation ; sa pudeur engagée dans une démarche inconvenante, avait disparu en présence d'un tendre sentiment, elle aimait, ne voyait plus que l'amour, cette passion véhémente s'indignait de tout obstacle et ne pouvait supporter la franchise de la déclaration impérieuse qui donnait en elle la mort à l'espoir, il en résultait que dans le temps où le chevalier, pour la guérir, passait du ton de l'indifférence à celui de l'attachement fraternel, elle s'éloignait de l'amour, se trouvait déjà auprès de la colère, et presque aux environs de la haine : aussi, loin d'accepter une justification et un froid conseil, elle vit uniquement le refus accompagné sans doute du dédain et du mépris, il en advint que prenant à son tour la parole :

— Oui, oui, employez des phrases obscures pour annoncer nettement à mon cœur combien je vous suis odieuse, refusez de ma part tout service; car un bienfait devient une chaîne, et à défaut d'amour, il ne vous plaît même pas de me doter de reconnaissance, enveloppez-moi dans cette prescription qui pèse déjà sur la comtesse, sur Hugues, sur Célénie, déjà vous deviez à ceux-ci le titre de frère ou de sœur, vous ne voulez que j'en conserve aucun envers vous, soit, mais au moins dans cette fureur de refus j'aurais mis plus d'adresse, je me fusse préservé de montrer tant d'aversion à des gens qui pourraient briser mon âme, et lorsque tous venaient à moi pour m'offrir la paix, je me serais souvenu de l'importance de l'ôtage qu'ils conservaient en leur pouvoir.

— Pourquoi, dit Izalguier alarmé et tentant de cacher son inquiétude, aurais je fait à ceux qui vous sont chers, l'affront de les supposer capables de sentimens haineux envers une personne innocente, à laquelle d'ailleurs on n'adresserait aucun mauvais traitement, que la représaille n'en fût prise au centième.

— Ah ! s'écria Helmonde, en accompagnant son propos de ce sourire sardonique, commun au méchant qui entrevoit un forfait à commettre, j'ai donc trouvé le défaut de votre cuirasse, je sais par où l'on arrive à votre cœur, pourquoi tremblez-vous en prononçant une menace, oui, cette femme qui vous occupe est le seul obstacle qui nous sépare, sans ses charmes funestes, vos yeux remplis de tendresse, se seraient peut-être rapprochés de moi... Quand j'y pense, quand je me vois si misérable et vous si barbare...... N'acceptez pas la liberté, n'importe, l'heure est prochaine où vous implorerez à genoux de moi un bienfait que peut-être vous n'obtiendrez pas; adieu, vicomte Izalguier; j'ai trop sacrifié ma pudeur pour ne pas vouloir être payée de ce grand sacrifice; je ne vous fatiguerai pas plus long-temps de ma présence, mais dans l'intérêt de ma rivale Eumérie, ne tardez pas trop à formuler le desir de me revoir.

Cette fois, Helmonde se levant avec brusquerie, partit et la porte refermée, Izalguier, libre des mouvemens de son cœur, ressentit de plus violentes émotions qu'il n'en éprouvait naguère, quand il n'avait à s'occuper que de lui, maintenant le tableau avait changé de face, l'amour outragé d'Helmonde se changerait en haine furieuse contre la fille du comte de Thezan, et rendrait cette dernière responsable des refus loyaux et constans, par lesquels lui, Izalguier, repousserait toute proposition qui lui serait faite contradictoirement avec l'amour qu'il ressentait pour la belle Eumérie.

Alarmé des menaces d'Helmonde, il était prêt en effet, comme elle l'avait deviné, à l'appeler à grands cris, afin de la conjurer de se montrer moins cruelle envers une tierce personne, mais la raison lui parlant à son tour, le convainquit que malgré l'amitié de la comtesse Ursule et de son parent pour Helmonde, certes, ni l'un ni l'autre ne lui accorderaient encore la vie de cette noble damoiselle en satisfaction à son amour rebuté.

XXV

Nouvel Odyssée.

> L'homme de bien ignore la crainte, celle-ci ne triomphe que dans l'âme du coupable.

La chambre souterraine qui servait de prison au sire Gallois Izalguier, était de deux côtés taillée dans le roc; un troisième avait été construit en pierres énormes; le quatrième, au contraire, était formé de briques rouges cuites au four, sorte de matière à bâtir, très en usage à Toulouse et dans les environs; ces briques, posées sur épaisseur, sont bien solides lorsqu'un mortier bien empâté les lie; mais souvent, et surtout dans les murailles intérieures, le maçon employait, pour les marier ensemble, une composition de sable et d'argile, sans solidité lorsque surtout l'humidité l'attaque.

C'était ici le cas des eaux cachées, ayant suinté du sein des couches terrestres voisines sur cette portion du cachot, avaient attaqué le ciment, ramolli l'argile, si bien que les briques désunies ne se soutenaient que par l'ensemble de la masse; mais au moindre choc ou à la plus légère attaque, on pourrait espérer de renverser ce pan complet de mur.

Le prisonnier, révolté contre la force,

lorsque surtout celle-ci est injuste, rêve perpétuellement aux moyens de recouvrer sa liberté, ce désir de se soustraire à ses geôliers, a inspiré des miracles au génie actif de l'homme; souvent celui auquel on aurait à peine trouvé une intelligence vulgaire, déploie pour s'évader des combinaisons savantes dignes des Paschal et des Newton.

Izalguier, assurément, n'était pas plus qu'un autre résigné à faire le sacrifice entier, ou l'abandon perpétuel de son indépendance; combien il lui eût été doux d'échapper à ses chaînes et de se montrer aux yeux épouvantés et confondus de ses coupables geôliers; cherchant en soi un moyen quelconque propre à remplir son but, ses yeux distraits se portèrent vers les briques amoncelées, constatèrent le ravage du temps, leur disjonction positive, et machinalement s'attachèrent à voir le jeu de la flamme de lampe allant et venant, filant en ligne droite, et plus souvent en courbes ondulées, témoignage irrécusable de la présence d'un léger souffle d'air.

C'était peu de chose, mais notre imagination est hâtive à développer ce qui la frappe et l'appelle. Izalguier encore, sans trop savoir pourquoi, se leva, s'approcha de la muraille et de la lampe, mit sur celle-là sa main, et aussi constata le passage mystérieux d'une masse de vent comprimée; bien qu'elle semblât venir d'un lieu beaucoup plus étendu et tout proche, il y avait là le commencement d'une découverte importante.

Izalguier, dont toutes les heures appartenaient à son désœuvrement, essaya avec ses doigts à gratter le mortier d'argile qui joignait les deux briques d'où venait le zéphyr par l'interstice que le ciment ne remplissait pas en entier; il y parvint, mais avec peine; il chercha dans la poche de ses hauts-de-chausse et y saisit le gros et large couteau à manche d'écaille et d'or qu'il avait la coutume d'emporter à la guerre; et, le sacrifiant à un travail d'où il attendait sinon sa délivrance, du moins quelque amusement; il parvint à détacher en entier une des deux briques : dès-lors il lui suffit d'imprimer de légères secousses pour faire tomber les supérieures sur celles de dessous.

Il croyait ne faire qu'un ouvrage, ai-je dit, de désœuvrement, s'imaginant que la rangée de briques était doublée et triplée peut-être; mais à sa surprise toute d'allégresse il reconnut qu'en arrière de ce mur léger était une allée souterraine se prolongeant à l'infini des deux côtés, et qui, selon toute apparence; devaient communiquer avec les divers embranchemens des souterrains qu'il avait exploré, lorsque lui-même, pour la première fois, descendit dans ces mornes, froides et ténébreuses demeures.

Charmé de sa découverte, bien résolu d'en profiter, mais calculant en même temps que puisqu'aucun geôlier n'était venu pour renouveler ses provisions et le surveiller depuis qu'il avait secoué son sommeil narcotique, cet homme incommode tarderait peu à se présenter, il remit après cette visite la course aventureuse qu'il comptait faire à la garde de Dieu; il convenait, pour rester le maître de sa sortie, que l'on ne vît pas son travail : en conséquence il reposa les briques comme elles étaient précédemment, les lia par le secours du sable qui servait de plancher à la prison, et puis, pour précaution dernière, il éloigna la lampe de cet endroit et fût la placer de manière à ce que l'ombre de son corps enveloppât toute cette portion du cachot et de façon à empêcher le geôlier de le déranger pour faire une inspection des lieux qui lui serait peut-être fatale.

Pendant qu'il travaillait ainsi, le temps en effet s'écoulait, et tout ce qu'il avait prévu arriva. Un mouvement d'abord confus le prévint, par le bruit qui en résulta, de l'approche d'un autre visiteur. En effet, au bout de quelques minutes, on tira les verroux, on fit tourner la clé dans la serrure, et la porte du cachot s'ouvrit en criant.

La surprise d'Izalguier ne fut pas médiocre, en reconnaissant dans celui qui lui portait les provisions de la journée, le brigand Richard-le-Noir, qu'il avait rencontré dernièrement dans le prieuré de Saint-Martin. Certes, il aurait ressenti de la joie à l'aspect de ce personnage, s'il eût été seul ; mais deux de ses camarades l'accompagnaient.

Richard-le-Noir ne fut pas moins étonné de retrouver là le sire Izalguier ; il en ignorait la mauvaise fortune ; son chef ne s'était pas servi de lui pour l'enlèvement, à cause de son importance dans la compagnie ; puis la comtesse lui avait commandé un secret si étendu qu'il avait cru devoir le cacher à Richard-le-Noir.

Celui-ci, avec autant d'adresse que de réserve, ne fit pas deviner à ses autres gardiens les rapports qu'il avait eu avec leur lieutenant ; mais tous les deux échangèrent un regard qui laissa l'espérance redescendre dans le cœur d'Izalguier. Celui-ci se flatta que s'il ne parvenait pas à le retirer de ce souterrain auquel il connaissait une issue, celle du caveau funèbre de la chapelle sépulcrale, il y parviendrait avec l'assistance du brigand.

Aucun de ces trois geôliers ne lui adressa une parole; ils déposèrent auprès de lui un grand panier rond renfermant les élémens d'un repas délicat; de plus, on mit auprès deux *ravailles* et deux *pistolets* (1), plus trois bouteilles, deux de vin de Villaudric et une de vin blanc de Limoux. Ce soin rempli, ils se retirèrent en silence comme ils étaient venus, et pourtant le sire Gallois et Richard-le-Noir eurent le loisir de s'adresser un signe réciproque, sans courir le danger d'être surpris.

Izalguier écouta attentivement le bruit

---

(1) Noms donnés à deux sortes de pains bien connus à Toulouse; la forme du *pistolet* est à peu près celle de la *flûte* parisienne, la *ravaille* n'a guère d'équivalent à Paris, que certains pains mollets exquis de la rue Dauphine, c'est une sorte d'ovale plein et bombé il y a là beaucoup de mie.

de leur retraite; il redoutait qu'au lieu de s'éloigner, ils ne se cachassent à l'entour, soit pour l'épier, soit pour le surprendre : ils n'y pensaient pas, et long-temps encore les voûtes sonores de ces cavernes profondes retentirent du bruit de leur marche uniforme et monotone. Alors il se mit à manger; il but afin de se donner des forces pour supporter les fatigues de la course aventureuse, n'étant pas de ces héros heureux des temps anciens, qui ne songeaient jamais aux soins grossiers de l'existence. Pendant son repas, il continua de prêter une oreille attentive au moindre son qu'il pourrait ouïr.

Certain enfin que personne dans ce moment ne veillerait sur lui, le chevalier se mit à démolir le mur qu'il avait déjà entr'ouvert; puis lorsque l'ouverture fut suffisante pour lui livrer passage, il prit la lampe de la main gauche, tira de la droite son épée qu'il voulait avoir nue et hors du fourreau, afin d'être prêt à tout évènement; puis il quitta son cachot avec la détermination ferme de ne pas y revenir, à moins que la force de ses ennemis ne l'y contraignît.

Il chercha dans le premier moment à reconnaître les lieux où il se trouvait; c'était un souterrain étroit, peu élevé, et qui descendait en pente rapide d'un côté, tandis que de l'autre il s'élevait dans la même proportion. Incertain vers où il cheminerait, il se détermina à prendre la route basse, se flattant qu'elle l'éloignerait du château, et qu'en la suivant, il arriverait au carrefour, dont une des issues conduisait à la chapelle.

Il avançait lentement, tant pour ne pas éteindre sa lampe, qu'afin d'éviter de faire du bruit ; il parcourut une longue suite de voûtes, au bout desquelles il apperçut une porte de bois de chêne, à laquelle la clé était dans la serrure ; il ouvrit et entra dans une chambre vaste, soigneusement recouverte dans tous les sens de lambris en mélèse et en noyer. La voûte en bois pareillement, était peinte, et Izalguier vit les divers écussons de sa famille et de celle de sa mère; dans le compartiment du milieu, des anges emportaient au ciel la croix de l'Ordre du Temple.

Une autre pièce à la suite, où le chevalier pénétra, lui laissa voir un lit modeste, quelques fauteuils d'ébène, une table et tous les meubles d'une chambre à coucher; une tapisserie de verdure couvrait le mur, lui aussi doublement garni de liège et de chêne. Là se voyait un trophée composé d'armes appartenant à l'Ordre du Temple, car la croix enceinte de l'orle mystérieuse était ou gravée, ou brodée, ou ciselée sur les diverses pièces de ce noble triomphe.

Il y avait quelques années que l'ordre du Temple avait été aboli par les soins du pape Clément V et des monarques de l'Europe. Le grand maître, des chefs de l'ordre, un nombre considérable de chevaliers périrent par le supplice du feu en détestation de leur vie perverse ; cette sanglante tragédie avait eu lieu en 1307 et 1310, depuis lors ceux qui survécurent ou cachés ou en fuite, cessèrent de jouer dans le monde le grand rôle qu'ils avaient rempli jusque-là.

C'était donc avec étonnement que Gallois rencontrait ici la dépouille d'un de ces chevaliers ou coupables ou malheureux, mais ce qui acheva de porter dans son âme une agitation extrême, ce fut de voir sur le bouclier du trophée le noble et glorieux blason de la famille de sa mère, il recula d'un pas songeant à son oncle Ulric de Thezan, templier célèbre par ses vertus, ses exploits et qui, tant indigné des reproches faits à son ordre, et de l'acte tyrannique de la destitution, s'était retiré du monde de telle manière que depuis ce moment sa trace avait été complètement perdue.

Serait-ce le séjour de retraite de ce fier, vénérable et triste chevalier? pourquoi serait-il venu prendre retraite dans les souterrains du château de Beauvoir, sans s'être montré à ses illustres parens? le comte Izalguier aurait-il connaissance de ce fait? ce furent les conjectures nombreuses auxquelles se livra le vicomte, elles l'auraient retenu plus long-temps, si tout à coup, il n'eût entendu dans un point très éloigné, le son mélancolique et terrible de la cloche du trépassé.

A ce bruit sinistre et dans le désir d'en

surprendre la cause, le jeune homme quitta précipitamment les deux chambres mystérieuses, rentra dans le souterrain et se mit à courir vers le lieu où il lui semblait que la cloche tintait, mais à mesure qu'il marchait le bruit allait en diminuant.... Il cessa tout à coup, le silence régna, non pas long-temps toutefois, car voici que les sons d'une harpe touchée par une main habile, s'élèvent, s'enflent et les cordes sonores résonnent mélodieusement, d'abord le personnage inconnu joua un savant prélude et rempli d'harmonie, ensuite une voix agréable se fit entendre et répéta ce chant de douleur :

O nuit, profonde nuit, toi que jamais ne parent
Ces astres lumineux qui dans les airs s'égarent,
Image de l'enfer et de son désespoir,
  Pour moi luiras-tu donc sans cesse,
  Et sans quitter ton voile noir,
  Augmenteras-tu la tristesse

De celui condamné sans relâche à te voir,
    Cesse enfin de blesser ma vue.
    De nobles clartés dépourvue.
    Tu m'offres un pâle flambeau,
    Oui dans tes épaisses ténèbres
Tu ne sais inspirer que des pensers funèbres,
    Et ton aspect est la nuit du tombeau.

Hélas qui me rendra mes riantes campagnes !
Et le souffle embaumé descendu des montagnes ;
Le ruisselet limpide aux flots d'argent et d'or,
    Le frais bocage solitaire
    Où je crois me trouver encor,
    Où je rêvais dans le mystère,
D'où vers les cieux brillans promenais mon essor,
    La vermeille et molle prairie
    Où j'égarais ma rêverie.
    Fuyant un monde suborneur,
    Là pour moi tout fut espérance,
Et maintenant en butte à la vive souffrance
    J'ai tout perdu, la gloire et le bonheur.

Nuit cruelle ! ah ! finis ta carrière pénible,
Cesse enfin de peser sur mon âme sensible,
Rends-moi ces doux plaisirs si charmans à mon cœur,
    Et que vers le soir de la vie

Échappant à trop de rigueurs;
A l'amour volage, à l'envie,
Au tourment de l'absence, à la triste langueur.
Je réalise ma chimère,
D'être encor bien heureuse mère,
De pouvoir serrer dans mes bras
Le noble époux que j'idolâtre.
Tendresse que jamais en moi ne put abattre
L'art des méchans, le crime des ingrats.

Ici, tout à la fois, cessèrent de se faire entendre et la voix et la harpe; le timbre mélancolique de la première frappa le chevalier, ce n'était pas la première fois qu'elle parvenait à lui, déjà elle avait vibré au plus profond de son âme, quelle était cette créature infortunée, qui, résignée à la rigueur de son destin ne demandait des jours meilleurs que par des chants empreints de résignation et de piété, pourquoi enfin cette voix mélancolique avait-elle sur lui tant de pouvoir, il se promit qu'avant de songer à sa propre délivrance, il effectuerait celle de la femme vers laquelle l'attirait une si vive sympathie.

XXVI.

O Surprise!

> Qu'un fils est heureux lorsqu'il peut rendre à ses parens la vie qu'ils lui ont donnée.

Bien affermi dans cette détermination, sire Izalguier examina soigneusement autour de lui les murailles et les infructuosités du lieu, il n'apercevait rien qui pût le conduire à un but solide, lorsqu'ayant heurté contre une grosse pierre branlante, il s'imagina qu'elle cachait l'issue de quelque escalier, il posa par terre sa lampe, son épée souleva cette manière de roc, et pardessous trouva en place de ce qu'il espérait, un énorme paquet de clefs d'argent, attachées ensemble par une chaîne de même métal. Sa joie fut vive, car il ne douta pas qu'il n'eût trouvé le moyen d'ouvrir toutes les portes de ce souterrain.

Il attacha donc les clefs à sa ceinture, reprit sa lampe et son épée, et se remit en course; à peu de distance, en portant un œil investigateur sur la surface unie des murailles doubles, il vit un trou qui lui parut être une serrure cachée, il y enfonça diverses clefs, et à la huitième, il sentit un ressort intérieur jouer, et en même temps la dalle immense tourna sur un pivot présentant ainsi deux issues ; derrière était un escalier.

Le vicomte Gallois s'y engagea sans terreur, à la dixième marche, une porte l'arrêta, il eut recours à ses clefs, et l'une d'elles vainquit ce nouvel obstacle, il vit une chambre garnie de certains meubles, mais qui, par sa solitude, semblait abandonnée, il allait en sortir quand on soupira tout près de lui.

A ce bruit inattendu, Izalguier frémit involontairement, néanmoins et honteux de cette épouvante ridicule, il regarda avec une augmentation de soins les murs et le plancher; ceci amena une seconde découverte, celle d'une porte dérobée aux regards avec une habileté infinie, par un large et haut tableau de dévotion, il parvint à ébranler le cadre, à le faire tourner sur des gonds artistement cachés; la chose faite, une issue apparut, elle donnait entrée dans une chambre plus vaste, mieux meublée, éclairée par trois lampes d'airain, une harpe était debout au milieu, et contre un prie-dieu que surmontait un Christ, accompagné des statues de sa divine mère et de son apôtre favori.

Izalguier se signa dévotement, il ne douta pas d'être parvenu dans la prison habitée par la dame malheureuse qu'il avait entendu chanter, mais elle-même où la trouverait-on, il entra dans la chambre, fit deux pas, s'arrêta, et à voix basse se mit à dire :

— Y a-t-il ici quelqu'un ?

— Au nom de Notre-Seigneur, de la très excellente dame la Vierge Marie, répondit une voix agitée, n'est-ce donc pas un de mes bourreaux ?

— Non, madame, mais un détenu comme

vous, qui deviendra peut-être votre libérateur.

— Que le ciel vous entende et vous aide, répliqua-t-on.

Et en même temps les rideaux du lit ayant été écartés, ils livrèrent passage à une dame qui s'était couchée avec ses vêtemens; elle portait une robe de velours noir, brodée en or, une jupe d'étoffe d'or et de soie, une coiffe pyramidale en drap d'argent, surmontée du grand voile, marque certaine d'une ancienne noblesse; elle avait un riche collier, des bracelets non moins magnifiques, une large ceinture d'or retombait en deux traînées par-devant, jusques à la cheville du pied, et dans laquelle étaient artistement enchâssés des perles, des rubis, des émeraudes et des diamans pour entourage.

Mais la pompe de ce costume était combattue par sa vetusté, le velours, les autres étoffes se montraient déflorées, ternies, sales, on voyait sans peine que si la dame était ainsi vêtue, c'est qu'il ne lui était pas possible de renouveler sa parure à l'aide d'une toilette journalière, au demeurant, bien que ses traits fussent flétris par l'effet d'une longue prison, ils n'avaient pu perdre en entier leur noblesse, leur douceur et leur agrément, belle, malgré tant de souffrances, son front pur, son regard céleste, ne conservaient aucun sentiment de vengeance et de haine, il devenait facile de reconnaître là une de ces âmes supérieures, aimantes, prêtes à pardonner, et trouvant du plaisir à rendre le bien pour le mal.

Le chevalier pouvait contempler à son aise ce visage si pur, si gracieux, tandis que le sien était caché par la visière de son casque; aussi pût-il demeurer le maître de son secret, tandis que son cœur bondissait dans sa poitrine, d'amertume et de joie; car il croyait reconnaître celle vers qui une suite de si singulières aventures l'avait amené. Il allait parler lorsque l'inconnue prenant la parole :

— Sire, dit-elle, car certainement vous êtes un noble chevalier, n'est-il pas vrai que vous serez mon libérateur? Non, ce ne peut être un piège que me tend encore mon ennemie, afin d'ajouter à l'horreur de ma situation. Je ne sais pourquoi, à votre présence, je me sens émue; pourquoi l'espérance s'est subitement réveillée au fond de mon cœur.

— Et c'est avec raison, répartit impétueusement le sire Gallois; vos misères ont pris fin dès l'instant où j'ai pu pénétrer dans cette triste demeure; mon ange gardien ne m'y a conduit, assurément, que pour assurer votre délivrance. Venez donc sans crainte, prenez mon bras, veuillez vous charger de cette lampe; marchons ensuite sans crainte, Dieu veillera à notre conservation.

— Sire, que j'aime à vous entendre! le son de votre voix me rappelle..... Hélas! je n'ose songer à ceux dont je suis séparée! La haine qui a tant pesé sur moi les aura-t-elle épargnés? Je n'ose le croire.

— Madame, madame, confiez-vous en Dieu, répondit Izalguier; puisqu'il vous a conservée, il doit ne pas avoir abandonné ceux qui vous sont chers. Où voulez-vous que je vous conduise?

La dame, à cette question faite dans le temps qu'ils cheminaient, réfléchit un moment, et puis se mit à dire :

— J'ignore où aujourd'hui je pourrais

trouver un des chevaliers et hauts barons de la famille de Thezan.

— La famille de Thezan, dites-vous? s'écria le vicomte Gallois encore plus troublé. Est-ce réellement à elle que vous voulez demander secours et protection?

— Le comte, l'abbé de la Grasse, le chevalier du temple de ce nom, sont ou furent mes frères.

— Eux!... eux!... madame!

— Oui, eux, sans doute; pourquoi en êtes-vous surpris?

— Et vous seriez... demanda le vicomte sans répondre à la question.

— La dame infortunée d'Izalguier.

— Ah! ma mè... ah! madame! reprit le jeune héros avec un accroissement de véhémence, mes conjectures ne m'ont donc pas trompé, vous êtes cette sainte comtesse si chaste, si pieuse, si aumônière, que les

pauvres, que vos vassaux et serviteurs,
que vos enfans ne cessent de pleurer.

—Mes enfans, sire!.... mes enfans, avez-vous dit! ils vivraient donc! les reverrai-je!
Oh! par pitié, comblez-moi de bonheur!

Il fallait à Izalguier tout le courage qu'il possédait, pour pouvoir se contenir en cette circonstance, pour avoir l'énergie suffisante à l'empêcher de se jeter dans les bras de sa vénérable mère; mais il l'aimait tant que, dans la crainte d'achever de la rendre malheureuse, s'il ne parvenait pas à la délivrer, et si, par un autre coup de la destinée, il en était séparé, qu'il se domptât dans sa vive émotion, et que s'abstenant de serrer dans ses bras celle qu'il préférait à sa vie, il se contenta de lui répondre :

— Oui, madame, votre fille, la demoiselle Alix; votre fils, le vicomte Gallois, sont en pleine santé, vous regrettant sans cesse; et bien qu'ils vous aient perdue depuis longues années, leur âme n'en demeure pas moins remplie d'amour pour vous, de mépris et d'aversion pour la femme criminelle qui a pris votre place.

— Que Dieu lui pardonne, répliqua la comtesse Izalguier en poussant un soupir profond. Quant à moi, lorsque j'aurai embrassé ceux dont, avec tant de délice, je viens d'entendre prononcer le nom, je ne me sentirai pas la puissance de la maudire.

— Ce sera donc aux vôtres à vous venger; ils s'en réserveront le soin.

— Mais vous, seigneur, vous qui êtes, à ce que je vois, prisonnier aussi dans ces sombres demeures, est-ce la malice de mes ennemis ou les chances de la guerre qui ont fait votre malheur.

Izalguier charmé de cette question qui

facilitait la continuation de son incognito répliqua :

— Oui, madame, je suis captif du sire comte; ma famille est puissante et afin d'en obtenir une grosse rançon il m'a précipité dans cet abîme ou les miens ne sauraient me deviner, j'ai démoli le mur de mon cachot et d'après certaines données qui me sont venues j'espère rencontrer une issue qui nous permettra d'échapper à nos persécutions.

— Mes enfans, Gallois, Alix, murmura le la comtesse qui toute à ces objets de son ardent amour, oublia de demander le nom de son libérateur, celui-ci ne s'occupa non plus à le lui dire, attaché davantage à examiner les lieux, à sonder les passages de ces vastes carrières qui primitivement avaient servi aux constructions gigantesques des châteaux de Fourquevaux, de Tarabel, de

Cesalles et de La Bastide de Beauvoir, des cavernes naturelles complètaient l'ensemble de cet immense labyrinthe dans lequel il n'était pas facile de se retrouver.

Tous les deux cheminaient au hasard depuis environ dix minutes; tout à coup le chevalier exprima sa joie par un mouvement religieux, ses bras s'élevèrent vers le ciel, il venait d'entrer dans le carrefour garni de sa table démesurée où il était venu aboutir lors de son premier voyage dans ce lieu; il savait qu'une des allées qui s'y rendaient devait aboutir au caveau de l'église, il allait entamer cette dernière recherche, quand son allégresse fut troublée par le son impérieux d'une voix dure qui se mit à crier le terrible *qui va là*. Le chevalier stupéfait au lieu de répondre, saisit le bras de la comtesse et se jeta avec elle dans le plus proche chemin qu'il trouva.

Mais il avait été vu, et la sentinelle se mit à tirer des sons éclatans d'un cornet d'ivoire qu'il portait suspendu à son col.... Soudain accoururent auprès de lui une douzaine de brigands campés dans ces sombres demeures, ayant à leur tête le lieutenant Richard Lenoir, celui-ci demanda la cause de cette alerte, il lui fut répondu qu'un homme armé de toutes pièces et une dame richement vêtue venaient de se montrer dans la salle, et qu'au lieu de venir se faire reconnaître selon l'usage, l'un et l'autre s'étaient enfuis rapidement par cette allée voisine de celle qui les avait amenés là.

Aussitôt le lieutenant et quatre des siens se lancèrent dans l'issue indiquée, tous portant des torches, les autres se dispersèrent dans les autres souterrains afin de ne pas laisser de possibilité à une retraite sûre, mais le noble couple avait sur eux l'avance.

Izalguier en profita dès qu'il fut hors de la vue de la sentinelle il s'attacha à sonder les murailles et ayant découvert une porte, il l'ouvrit et puis la referma sur soi.

Bien lui prit de s'être mis ainsi à couvert de la rage de ses ennemis, peu après sa retraite il entendit le pas précipité des voleurs qui passèrent rapidement devant le lieu qui le mettait à l'abri de leur tyrannie; mais ce fut avec chagrin qu'il fut instruit de la mesure prise par le lieutenant, celle de placer des sentinelles d'espace en espace afin de surprendre les fugitifs qui, errant dans ce dédale, pourraient revenir sur leurs pas.

Un des bandits fut mis en observation tout auprès de la porte de la salle où la mère et le fils avaient trouvé un asile momentané; ce mauvais sujet se mit à se promener de long en large, et la lenteur de ses mouvemens impatientait d'autant plus le chevalier, que celui-ci craignait d'être longtemps retenu avec la comtesse en un endroit où ils étaient sans vivres et sans moyens d'alimenter leur lampe lorsqu'elle serait prête à s'éteindre. L'horreur de cette situation plongea le jeune homme dans une mélancolie partagée par sa compagne, et qui augmentait en eux la prudente précaution du silence réciproque qu'ils gardaient maintenont.

XXVII

La Cloche du Trépassé.

> De la terreur souvent naît la joie, chaque jour diffère du précédent.

Près d'une heure s'écoula sans qu'aucun changement fût apporté à la situation pénible du fils et de la mère : tous les deux immobiles, retenant presque leur haleine, écoutaient le bruit de la marche de la sentinelle dans la crainte qu'elle n'aperçût de la clarté par quelque fente de la porte; Izalguier avait posé la lampe dans la partie la plus reculée de la chambre; la comtesse, en y portant un regard machinal, s'aperçut que la flamme était vivement poussée, et de telle sorte qu'au lieu de s'élever, elle était horizontale : ceci lui inspira le désir de connaître d'où provenait ce courant d'air; elle s'approcha, et non sans joie elle vit une porte entr'ouverte et en arrière un escalier qui descendait vers un étage inférieur.

Un geste instruisit son compagnon de cette bonne fortune; la comtesse reprit la lampe qui leur rendait tant de services, et ensemble ils franchirent les trente marches au bout desquelles ils découvrirent une suite de corridors larges et raboteux, tous ouvrage de la nature; à la voûte pendaient des stalactites, des concrétions d'albâtre, plus bas un petit ruisseau transparent roulait sur un sable si brillant, que certaines parcelles très nombreuses reflétaient l'éclat de la lumière à la manière des planètes frappées des rayons du soleil, Izalguier se pencha, remplit le creux de sa main de ce sable et reconnut qu'il renfermait une quantité majeure de paillettes aurifère; il ne douta pas qu'une mine d'or ne fût proche et s'en applaudit pour son avenir.

C'était au reste, dans ce moment, chose assez indifférente pour sa compagne et pour lui que cette richesse nouvelle, un autre soin devait les occuper : celui d'échapper à la recherche active des satellites d'Ursule de Fontanes, peut-être connaissaient-ils l'existence de cette troisième sortie de souterrain, ils délibérèrent s'ils remonteraient vers la source du ruisseau; un peu de réflexion leur fit connaître qu'il valait mieux le suivre dans sa route, que selon toute apparence c'était lui qui, après être sorti du sein de la terre, baignait si profondément encaissé le bas du vallon de la Bastide.

Cette résolution prise, ils l'exécutèrent aussitôt; après une demi-heure de marche la voûte s'abaissa de manière à leur interdire presque le passage; Izalguier, cependant, s'étant agenouillé, marcha péniblement pendant quelques pas, puis la voûte se releva soudainement et l'enceinte des rochers présentaient la magnificence surnaturelle d'une de ces mille cavernes dont la nature a si majestueusement orné certaines parties de la France (1).

---

(1) Les grottes ainsi percées sont dans les arrondissemens de Nîmes, d'Uzès, de Montpellier, de L'odève, de Saint-Pons, de Carcassonne, de Castres, de Rhodes, de Pamiers, de Saint-Gironds, de Saint-Gaudens, etc.

La comtesse, sur l'appel de son fils, tenta le même passage. Dès qu'elle fut de l'autre côté du couloir, Izalguier, pour s'assurer d'être à l'abri de toute attaque, employa sa force peu commune à rouler des pierres, à boucher, avec des stalagmites qui s'élevaient du sol, le passage étroit du ruisseau. Bien lui prit de cet acte de prudence, car à peine l'eût-il consommé, qu'un tumulte de voix, et que la lueur de plusieurs flambeaux parvenant à lui, lui apprit que ceux attachés à leur recherche avaient connaissance de ces souterrains.

Le fils et la mère craignirent qu'à la vue du couloir fermé avec soin, on ne soupçonnât là leur présence..... Les propos qu'ils entendirent les rassurèrent bientôt, les bandits se disant que là cessaient les souterrains, et que sans doute le ruisseau se frayait avec peine une issue à travers les roches et les terres aglomérées.

Libres alors de toute inquiétude de poursuite, ils continuèrent leur caravane périlleuse, non sans admirer la pompe de cette riche décoration. Au milieu de la caverne apparaissait un admirable autel d'albâtre paré de guirlandes, de festons, environné de neuf candélabres gigantesques : le tout œuvre de la main puissante du Créateur ; mais sur l'autel un beau Christ de bronze, six flambeaux de pareil métal, six vases dorés, annonçaient que la piété des Izalguier avait autrefois voulu compléter ce temple superbe. Le vicomte, humblement prosterné devant l'image du Sauveur des hommes, fit le vœu solennel, s'il sortait sain et sauf de ce labyrinthe avec sa digne mère, de rappeler tous les ans, au jour anniversaire de leur délivrance, la célébration d'une messe solennelle en action de reconnaissance et de grâce. La comtesse, de son côté, et sans non plus l'exprimer à haute voix, s'engageait aussi par le même vœu.

Dieu, sans doute, voulut manifester combien tant de piété lui était agréable, car à peine le noble couple avait-il pris ce religieux engagement, que ces voûtes immenses et sonores retentirent du son mystérieux de la cloche du trépassé.

— Qu'est-ce, chevalier, demanda la comtesse, que ce bruit? Il a souvent pénétré dans ma prison, j'en ai vu mes gardiens épouvantés, et aucun n'a pu ou n'a voulu m'en faire connaître la cause.

— Je l'ignore aussi, répondit Izalguier qui, pour ne pas effrayer sa mère, n'ajouta pas que ce son provenait de la cloche du trépassé.

Cependant le bruit devenait plus éclatant, les échos nombreux le multipliaient dans la vaste étendue de la caverne, la comtesse n'en était que médiocrement effrayée, puisque ses ennemis ne le produisaient pas, mais la superstition commune à cette époque, inspirait moins de tranquillité à l'âme d'Izalguier, puisqu'il avait à craindre la présence d'un être de l'autre monde, il portait un œil attentif vers le point où la cloche retentissait.... Tout à coup, et à environ vingt pieds de hauteur, une clarté brilla, elle laissa voir d'abord un escalier taillé dans le roc, qui, de ce point, descendait au sol de la grotte, et ensuite une figure couverte d'un voile noir, vêtue d'une longue robe fourrée et bordée d'hermine. Ce personnage étrange tenait d'une main un flambeau de cire mêlée avec de la résine, et de l'autre une cloche qu'il faisait tinter lentement.

A son aspect sinistre, la comtesse sortit de son calme présent, l'effroi la saisit, et tandis qu'elle poussait un cri involontaire, elle s'en vint chercher un asile derrière son conducteur.

Le fantôme à ce cri répété, lui aussi, par les échos, s'arrêta au milieu de l'escalier, cessa d'agiter sa cloche, et puis jetant en avant de lui la lumière de sa torche, essaya de voir qui l'avait proféré, deux individus frappèrent ses yeux; lui, alors d'une voix sourde et véritablemt lugubre, se mit à dire :

— Holà! oh!... qui trouble ainsi l'asile du silence éternel et de la mort?

Certes, une telle question n'était pas rassurante, le couple à qui on l'adressait en éprouva une sueur glacée qui ressortit de toutes les parties du corps, la comtesse trembla, ses genoux flageolèrent; son fils, non moins ému, mais ne perdant pas la force qu'inspire à tout chrétien une vie sans reproche, crut devoir répondre, et tâchant de donner à ses paroles l'assurance que son cœur n'avait pas.

— Qui que tu sois, dit-il, âme en peine, ange sauveur, ou pénitent de Dieu, car je ne puis croire que tu sois un mauvais esprit, tu vois ici deux victimes des maîtres de ce château, si tu peux les arracher à ce labyrinthe qui leur semble sans issues; ils ne te laisseront manquer ni de messes si tu en as besoin, ni de fortune terrestre si les richesses ont pour toi quelque prix.

— Je ne demande que la miséricorde de Dieu, mais toi qui me parles, ne serais-tu pas le sire Gallois Izalguier, le fils du puissant comte baron de Beauvoir.

—Qu'entends-je? s'écria la comtesse qui, en digne mère, cessant de craindre, ne fit plus attention qu'à la possibilité de retrouver l'un des objets de son amour; quoi, vous êtes mon fils, vous Gallois, et vous avez pu me le taire.

— Et toi-même, reprit l'inconnu, ne serais-tu pas la noble Mahaud de Thezan ?

— Je suis cette infortunée.

— Ma mère !...

— Ma sœur, mon neveu !...

— Mon fils, mon frère !...

Telles furent les paroles qui partirent instantanément; le jeune homme, trahi dans son projet d'incognito, y renonça, et le fantôme, achevant de descendre précipitamment, en jetant la cloche et en arrachant le voile posé sur sa figure, se fit reconnaître de sa sœur et de son neveu pour être le chevalier templier, Alric de Thezan.

Le moment fut doux pour ces trois personnages; la mère, qui retrouvait son fils après tant d'années passées dans le deuil et la prison, le templier qui avait disparu depuis la chute de son ordre, et que pareillement on croyait mort, inspiraient tons deux au vicomte Gallois une vive curiosité de connaître leurs aventures, et de savoir de quelle manière l'un et l'autre avaient disparus.

Mais alors un soin plus pressant l'occupait, celui de retirer sa mère et lui-même de ces demeures souterraines; aussi, avant tout autre propos, il demanda au sire templier s'il connaissait une voie qui les sortît de ce triste lieu.

— Elles sont en grand nombre, répondit-il; trois principales conduisent ici du château; l'une d'elles n'est connue que de moi seul; je la dois au hasard; c'est par elle que je me suis introduit dans un passage singulier qui parcourt la vaste étendue du château construit dans l'épaisseur des murailles. On peut avec lui monter aux divers étages, et s'assurer de ce qu'ell'on fait dans chaque chambre que l'on domine à la hauteur du plafond; dans plusieurs, de petits escaliers descendent jusques au plancher; et par des portes artistement cachées dans l'épaisseur des murs, on pénètre où l'on veut aller, à la grande surprise de ceux qui s'y croient seuls. Ignorant l'existence de ce chemin, établi sans doute à l'époque de la fondation de cet édifice, pour l'avantage des maîtres; ceux-ci, dans l'espace de cinq cents ans, ont dû en perdre le souvenir, puisque votre père l'ignore. Trois autres issues descendent dans les souterrains du côté de la campagne, une correspondant à une vieille tour de garde, la seconde s'ouvre au fond d'une grotte profonde : celle-là n'est encore connue que de moi, et vous saurez plus tard comment je la trouvai. Enfin, la dernière aboutit à la chapelle sépulcrale des Izalguier, c'est par là, mon neveu, que je vous ai fait parvenir ici; j'avais la pensée de m'entretenir avec vous, et principalement de vous prémunir contre les embûches que vous tendrait votre marâtre; mais tout cela se rapporte à mon histoire, et vous saurez alors pourquoi je n'ai pas moi-même délivré ma sœur. Cependant le temps presse, nous sommes ici en sûreté, puisque, venez-vous de me dire, vous avez intercepté le passage étroit du ruisseau; c'est par lui seulement que du château on parvient dans cette caverne magnifique. L'escalier que j'ai franchi tout à l'heure mène directement à la grotte extérieure, et je suis le seul maître de ce chemin séparé du château par des masses énormes de rochers. Lorsque je voulais m'introduire de cette grotte, dans les souterrains et dans les lieux habités, je suivais en remontant le ruisseau dont je barrais le passage au moyen d'une grosse pierre; et c'est par une inadvertance dont je me rejouis, que, dans ma dernière visite, j'oubliai de replacer au-dessus du lit de l'eau courante, ce rempart artificiel.

Ces premiers renseignemens ayant été donnés, le templier se mit à marcher devant le fils et la mère, qui se prodiguaient de tendres caresses; tous les trois montèrent l'escalier, puis suivirent une pente qui s'élevait rapidement, et au bout de laquelle se trouvait un mur qui s'ouvrit par la force d'un mécanisme ingénieux. Là, apparut une seconde caverne ornée également de stalactites et de stalagmites; des coins de fer enfoncés dans le granit formaient une échelle d'environ vingt pieds de haut, et que l'ombre cachait aux regards indiscrets.

Lorsque ce point avait été atteint, un autre couloir conduisait à la grotte extérieure, ou, pour mieux dire, aux trois qui servaient de demeure depuis deux cents ans au moins à de bons ermites, devenus tour à tour les possesseurs de cette triste habitation qui, enfin, ressortait dans la partie la plus solitaire des campagnes voisines du château et du village de la Bastide de Beauvoir. Une méchante porte à clairevoie, qu'un seul loquet fermait, empêchait les bêtes fauves de visiter intempestivement celui qui consentait à se loger dans ce paisible lieu ; tandis que la piété des uns, la terreur des autres et la superstition de tous interdisaient aux hommes de franchir cette frêle barrière.

— Voici, dit l'ermite, le noble château que j'habite depuis près de quatorze années, le lieu où j'ai pourtant goûté la paix de l'âme ; soyez - y les bien-venus, vou que j'aime, et dont la présence achève de me procurer tout le bonheur qu'il m'est permis de goûter sur la terre.

XXVIII

Récit d'une Mère.

<blockquote>La prudence interdit à toute femme mariée d'introduire dans son ménage une personne de son sexe : le péril est certain.</blockquote>

A la suite de son discours, le templier présenta à la comtesse et au sire Gallois, des fruits, du pain et du vin, il les engagea à nourrir le corps, tandis que lui travaillerait au sauvetage de son âme; en conséquence il s'éloigna d'eux, et passant dans la petite chapelle de l'ermitage, il pria prosterné humblement, et conjura la Providence divine de continuer d'assister les deux êtres qui lui furent si chers. Pendant ce temps, le fils et la mère, tout en prenant un peu de nourriture se questionnèrent avec affection; Izalguier apprit à la comtesse que la belle Eumérie était, elle aussi, prisonnière dans les souterrains, qu'il fallait la délivrer.

— Pour cela, dit-il, il faut aller demander main-forte au sire de Thezan, je reviendrai à la tête de sa compagnie d'arme, et certes, il nous sera facile de surprendre et de vaincre des bandits vigoureusement attaqués.

Ce sujet intéressant occupait ces deux nobles personnages, lorsque le templier reparut, il avait entendu Izalguier, et il lui avait appris qu'il connaissait la position de la chambre où était cachée sa nièce, que jusqu'à ce moment il n'avait pu effectuer la délivrance d'Eumérie, parce que vingt bandits veillaient constamment dans l'avant-grotte où elle languissait détenue, que le temps d'ailleurs lui avait manqué; mais que la veille, jour où le hasard l'avait conduit proche de la prison de sa nièce, il s'était hâté d'écrire à son frère le comte de Thezan; il avait expédié un homme sûr, et il ne doutait pas qu'en réponse, le père n'accourut lui-même au secours de sa fille bien-aimée.

De tout ce qu'il avait dit jusqu'alors, rien n'avait flatté aussi doucement Izalguier que cette confidence, il ne put se retenir d'embrasser son oncle et sa mère qui lui sourirent affectueusement; le premier, afin de faire prendre patience à son très impatient neveu, supplia sa sœur de leur apprendre par quelles machinations infernales, elle, vivante, passait pour morte, et avait depuis tant d'années été détenue dans ce triste séjour; Izalguier joignit ses prières à celles de son parent, et la comtesse en réponse :

— Hélas! dit-elle, que me demandez-vous, ne devrais-je pas chercher à oublier ces fatales époques de ma vie, plutôt que de vous aigrir en vous les rapportant. N'importe, puisque vous voulez les connaîtres, écoutez-moi attentivement tous les deux.

Elle se tut un instant, refléchit, poussa un soupir mélancolique, puis après avoir deux fois repété le signe sacré de notre rédemption, elle s'exprima en ces termes:

— Au couvent de Saint-Pantaléon de Tholose où je passai mon enfance et ma première jeunesse, je contractai une amitié étroite avec Ursule de Fontanes; cette créature singulièrement belle, possédait en outre un esprit supérieur, un rare talent d'intrigue, une habileté d'astuce profonde, et de fallace, à l'événement. Elle avait ou elle eut des aventures blâmables; mais elle sut toujours jeter sur ses écarts un voile profond; je me mariai, les premières années de cet hymen furent douces et même heureuses; une affection sincère me liait à mon époux, lui aussi, je me plais à le croire, ressentait pour moi un amour vertueux.

Une telle vie aurait peut-être toujours duré, mais j'eus la faiblesse d'appeler auprès de moi ou plutôt de répondre aux sollicitations pressantes d'Ursule; dès qu'elle fut installée dans ce château, la voilà occupée uniquement à m'y rendre étrangère, colorant d'un vernis d'amitié son projet odieux, et prétextant la faiblesse de ma santé, et enfin, je dois l'avouer, profitant de ma fatale indolence, elle se mit entre les domestiques et moi, usurpa leur gouvernement, en devint la souveraine et la despote, elle sut obtenir le renvoi de ceux qui me chérissaient ; aussi, je tardai peu à rester isolée, tandis qu'elle, au contraire, augmentait le nombre de ses complices.

Lorsque ce premier point fut obtenu, elle se trouva nécessairement en rapport direct et de chaque jour, avec mon mari, elle ne cessait de prendre ses ordres, de lui demander ses avis, elle paraissait n'agir que d'après son impulsion, notre rang, nos immenses richesses, nous imposaient une si haute représentation, tant de visites nous venaient, nous donnions tant de fêtes, montions tant de pas d'armes et de tournois, il fallait appeler, traiter, faire, agir, récompenser une si nombreuse quantité de troubadours, jongleurs, baladins, joueurs de tours, de gobelets ou de mystères, que les rapports du comte et de la surintendante facilitaient à celle-ci l'occasion cent fois par jour répétée d'aller à celui-là.

Une telle familiarité accoutuma mon époux à ma rivale, il la vit belle, aimable, complaisante, affectueuse, active; aussi, peu à peu et insensiblement, il s'attacha à elle, Ursule devina ce coupable amour avant même que le comte se le fût avoué, elle, alors venant à moi, me dit en riant;

— Ma bien chère amie, je suis discrète, ainsi ne me demandez pas des noms que je me refuserais à vous confier, mais je ne peux me retenir de vous apprendre ce qui se passe dans un château de votre voisinage; le mari a pris pour maîtresse la meilleure amie de la femme; cette amie a le cœur bien placé, elle aime à son tour le noble sire, mais elle emploie toute son influence sur lui, à ce qu'il ne retranche rien du bonheur apparent dont jouit son épouse.

— Ce que vous me confiez ne peut être ou ne durera pas long-temps, jamais une maîtresse qui a déjà renoncé à la pudeur, ne restera dans les bornes de la réserve envers sa rivale qui, d'ailleurs, est un obstacle perpétuel entre elle et sa propre satisfaction ; en outre, comment cette passion si ardente serait-elle long-temps cachée, et aussitôt qu'elle éclatera, de quel œil pensez-vous que la voie la femme légitime.

— Mais, me répartit la perfide Ursule, peu satisfaite de ma réponse, il me semble qu'une femme prudente, assurée d'ailleurs d'avoir perdu le cœur de son mari, et bien convaincue qu'elle ne le regagnera jamais, doit au contraire de la reconnaissance en retour des bons procédés de cette rivale, si en position de la torturer, et qui, au contraire, par amitié réelle, emploie toute sa science à cacher ou à faire oublier l'infidélité de l'époux.

— En vérité, répondis-je encore plus étonnée de la cause qu'Ursule soutenait, et si contrairement aux règles de la bienséance, en vérité, je vous croyais plus de connaissance du cœur humain; doit-on de l'obligation à celle qui nous vole notre propriété, à celle qui se place entre nous et le bonheur; non, non, Ursule, ne vous flattez pas que cette pauvre épouse délaissée puisse jamais rendre grâce à son ennemie. Ah! j'en juge d'après mes sentimens, si un pareil malheur m'arrivait, je haïrais de toute la puissance de mon âme l'indigne créature qui m'égorgerait ainsi.

— Vous préféreriez donc que cette femme eût envers vous de mauvais procédés.

— Oh! flatterie ou guerre ouverte, continuais-je, me seraient égales, je la détesterais de l'une ou de l'autre manière.

La méchante ne poursuivit pas plus loin cette conversation étrange; ne s'était-elle pas imaginée que ma douceur s'étendrait jusques à lui voir sans murmure s'emparer des affections de mon mari, et même que poussant plus loin la complaisance, je me montrerais reconnaissante des ménagemens qu'elle voudrait bien conserver envers moi, elle conclut de mes paroles qu'il lui faudrait beaucoup d'art pour conduire à bout son intrigue.

Ce qu'elle avait dit me revint en esprit, je m'étonnai de cette confidence, je portai mes regards dans le voisinage et je ne pus y trouver trois personnes dans la situation difficile dont elle m'avait fait le tableau, m'obstinant à poursuivre mes recherches, leur inutilité me contraignit à rentrer dans Beauvoir. Là seulement et à quelques lieues à la ronde, existaient réunis, un homme et deux femmes, celles-ci assez belles, l'une pour se flatter de conserver l'amour de son époux, comme l'autre pour espérer de le lui ravir un jour.

« Cette première donnée obtenue, je me mis à observer ce qui se passait autour de moi il me fallut peu de temps pour reconnaître que j'étais isolée, que mes gens des deux sexes ne m'appartenaient plus, tous placés par Ursule, tous mis par ma faute sous sa dépendance, la servaient uniquement et me surveillaient à son profit, ceci me déplut, et un matin sans lui en rien dire je congédiai par un coup d'autorité mes deux dames de compagnie, mes quatre filles d'honneur et mes six servantes majeures.

« Un tel acte tonna comme la foudre, Ursule indignée de ma détermination, s'en plaignit avec aigreur, je lui avais manqué, à l'entendre, je lui devais une réparation et elle consisterait, soit à reprendre celles que j'avais chassées, soit à recevoir de sa main celles qui remplaceraient, elle osa même s'adresser à mon époux et à exiger de lui qu'il me contraignît à demeurer sous cet esclavage.

« Quelle que fût la faiblesse du comte et sa passion naissante, à l'encontre d'Ursule il ne crut pas devoir déchirer aussi visiblement le voile qui me cachait son infidélité nous étions d'ailleurs à Tholose au milieu de mes deux familles, aimée, considérée de l'une ou de l'autre et, certes, la fortune ne leur inspirait pas de tels sentimens ; elle, furieuse de mon inflexibilité et de la résistance que lui opposait le comte, se résolut elle aussi à frapper un grand coup, elle me quitta subitement, mais au lieu de se retirer à l'extérieur, elle alla se renfermer au château de Beauvoir.

« Là, elle trouva le sénéchal qui était son propre oncle, les portiers, les officiers de tous rangs, même ceux des domestiques à demeure que nous n'amènions pas avec nous à Tholose, ceux-là, tous placés par elle, comprirent facilement combien leur situation devenait précaire, certainement je ne les conserverais pas avec moi, puisque j'avais chassé les femmes de mon service, en conséquence, tous devaient s'unir avec elle contre moi.

« Pendant que ceci se tramait à mon château, je me félicitais à Tholose de la retraite d'Ursule, je m'imaginais qu'elle s'en était retournée chez son père et je lui en savais gré, mon contentement fut court;

deux jours après je reçus une lettre d'elle, datée de la Bastide de Beauvoir, elle m'apprenait que pour me laisser le loisir de passer ma mauvaise, mon injuste humeur, elle s'était déterminée à me quitter, qu'elle avait été à notre château d'habitation ordinaire attendre que ma méfiance disparût et que ma vieille amitié pour elle se réveillât.

« Je ne daignai pas répondre, j'y fus d'autant moins portée lorsque j'eus surpris le comte inquiet, mécontent, farouche, lui aussi dut recevoir des nouvelles de la perfide, car son visage se ranima et au bout d'une semaine et sous le prétexte spécieux d'une partie de chasse, bien que ce n'en fût pas encore la saison, il partit pour Beauvoir amenant avec lui plusieurs de ses parens, les sires de Maurand, d'Aurival, de Puybusque, de Polastre, de Verdalle, de Saint-Félix.

« Le comte devait revenir au bout de deux jours ; huit s'écoulèrent, je ne doutai plus de mon malheur ! Quand il rentra, sa froideur, sa réserve, ne me prouvèrent que trop la victoire indigne qu'Ursule remportait sur moi, je dus m'y soumettre et je renfermai ce vif chagrin dans mon cœur.

« L'époque à laquelle je rentrais à Beauvoir arriva, il me fallut retourner dans ce lieu où je verrais ma rivale triomphante, j'en ressentis une douleur amère, je la domptais, Ursule vint à moi embarrassée malgré son audace, elle **voulut** devant mes femmes paraître investie de mon amitié afin de les dominer en leur montrant son ascendant sur ma personne, mais je ne lui donnai pas cette satisfaction je la tins à telle distance, je répondis si mal à son manège que toutes celles qui m'environnaient, purent voir clairement combien elle m'était odieuse aussi résolut-elle de s'en venger dans cette circonstance encore, elle s'adressa à mon mari, et une autre fois lui déclara que, bien qu'il l'aimât avec passion, jamais il ne consentirait à m'humilier devant elle.

XXIX

Le Crime vainqueur.

> Dans la lutte établie entre le bon et le méchant, le triomphe appartient rarement au premier.

« Ursule de Fontanes, trompée ainsi dans son double calcul, comprit cette fois que ce ne serait pas du concours de mon mari qu'elle viendrait à bout de son lâche projet, j'aime du moins à me figurer que le comte n'a pas trempé sciemment dans l'intrigue qui, si rapidement me conduisit à ma perte.

« Tout l'hiver se passa, de ma part, à accabler Ursule de ma froideur persévérante, et de la sienne à tout entreprendre pour achever de m'enlever l'attachement de mon époux : elle avait aussi tenté de me ravir la surintendance de ton éducation, cher Gallois, et celle de ma douce Alix ; mais je lui avais disputé ceci avec tant de hauteur et de constance, qu'elle eût peur en persistant de courir à sa perte, un éclat qui dévoilerait son hypocrisie criminelle était ce qu'elle redoutait le plus.

« Vous me demanderez peut-être ici, pourquoi, moi si certaine de la trahison, je la gardais dans le poste que tout d'abord je lui avais confié, je répondrai que si de son côté il était des choses qu'elle ne pouvait obtenir du comte, il en était aussi que, du mien, mon mari ne m'eût pas accordé, jamais il ne se fut décidé à la congédier, et comme seule j'avais deviné leur tendresse réciproque, je redoutais qu'on ne m'accusât d'une jalousie injuste, bizarre, qu'on ne me reprochât de déshonorer une amie qui me paraissait tant dévouée, lorsqu'elle ne me donnait aucun motif réel de l'humilier et de la flétrir ainsi.

« Le printemps vint, le roi Philippe-le-Bel ayant déclaré la guerre aux Flamands, convoqua le ban et l'arrière-ban des gentilshommes, ceux du Languedoc durent tous partir il ne resta que les impotens et les vieillards; encore parmi ceux-ci plusieurs se mirent en campagne, mon mari, ses frères, les miens, nos parens, s'en allèrent de compagnie.

« L'usage veut, vous le savez, que pendant que nos époux sont à chevaucher, les nobles dames habitent leurs châteaux et ne recherchent aucun plaisir des villes, je ne sais pourquoi je demeurai à Beauvoir, j'aurais pu me retirer à Clermont où mon mari possède une habitation royale, mais ce lieu est si retiré, le passage de l'Arriège et de la Garonne d'une part, celui des côteaux de Pech David de l'autre, en rendent dans la mauvaise saison les communications si diffiles avec Tholose, d'où je devais avoir des nouvelles des combattans, que je préférai demeurer à la Bastide de Beauvoir. Condescendence fatale! elle décida ma perte. (1)

---

(1) Clermont, commune du canton de Castanet, arrondissement de Toulouse, département de la Haute-Garonne; ce village peuplé de 300 habitans, appartint long-temps aux Izalguier à titre de baronnie; elle passa depuis aux Rochechouart par le mariage d'un

« Je vous ai dit que j'avais renvoyé le même jour toutes les femmes de ma maison que m'avait imposée Ursule, j'aurais dû dès le jour même du départ de mon mari, en agir de même à l'égard des hommes, je négligeai cette mesure que la sagesse prudente me commandait, et cela parce qu'il ne m'était pas possible de soupçonner l'étendue de la malice de mon odieuse ennemie.

« Il y avait vingt jours que le comte était parti, Ursule bannie de mon intimité ne me voyait qu'en public et aux instans où je recevais les rapports des autres officiers; elle avait parue résignée à cette rigueur, elle ne s'en plaignait pas et, je l'avoue, souffrait de cette modération.

« J'avais pris la coutume d'aller chaque

seigneur de ce nom avec la branche aînée des Izalguier.

après-midi, vers les cinq heures du soir, depuis l'absence de mon seigneur et mari, prier pour lui, pour nos parens et pour le succès de nos armées françaises dans la chapelle sépulcrale des Izalguier, je n'amenais avec moi qu'un écuyer et un page, ceux-là restaient sous le vestibule et souvent m'oubliant dans ma méditation, je ne rentrais au château qu'à la nuit close.

« Le vingtième jour, dis-je, de ma solitude pénible, j'allai donc implorer notre Dieu, et madame la Vierge sa mère, je demeurai plongée dans une telle rêverie que les ombres couvraient le ciel et la terre depuis assez de temps, lorsque je m'aperçus de ma distraction, je me levai en hâte et repris la route du manoir baronnal.

— Ma surprise ne fut pas peu médiocre de ne voir en rentrant ni mes dames de compagnie, ni mes filles d'honneur, ni mes simples servantes m'attendre sous le vestibule de la tour du pont-levis, ainsi qu'elles en avaient la coutume, afin de me ramener dans mon appartement; je ne sus que penser de leur négligence, et remis à m'en plaindre lorsque je les retrouverais. Je hâtai ma marche, montai rapidement le grand escalier, traversai la salle des gardes, celle d'audience sans les voir encore. Ce fut avec émotion que j'ouvris la porte de ma chambre, où le regard que j'y jetai ne me fit voir que la seule Ursule.

« Cette misérable attachant sur moi ses yeux remplis d'arrogance, m'annonça à l'avance le coup audacieux qu'elle m'avait porté; je lui demandai ce que mes femmes étaient devenues.

— Elles ne sont plus ici, me répliqua-t-elle. Le commandement exprès de votre époux a déterminé leur éloignement, auquel vous devez vous soumettre. Elles viennent de partir, et je vous communique l'ordre en vertu duquel j'ai agi.

« Elle me remit en effet une lettre écrite de la main de mon mari, scellée de ses armes, revêtue de son seing; rien n'y faisait faute. Enfin pleinement sa dupe, et pourtant elle était fausse, Ursule avait retrouvé son ancien complice, un scélérat digne d'elle, son propre cousin-germain, le brigand Poulpiquet. Celui-ci, habile à contrefaire les écritures, avait merveilleusement imité celle du comte d'une façon si parfaite, que j'y fus trompée en plein.

« Cette missive menteuse me disait qu'ayant eu trop de condescendance pour un caprice qui avait déshonoré douze honnêtes personnes, lui, sire d'Ilzalguier, allant à la guerre, où chaque jour il pourrait trouver la mort, il ne voulait point paraître devant Dieu avec la charge d'une mauvaise action ; qu'en conséquence, il m'enjoignait de recevoir mes ci-devant dames de compagnie, filles d'honneur et premières servantes, non qu'il prétendît me contraindre à les conserver perpétuellement, mais qu'il désirait que je ne m'en séparasse que l'une après l'autre, afin que l'on pensât qu'elles se retiraient volontairement. Il achevait par me dire qu'il approuverait les largesses par lesquelles je récompenserais celles que je n'aurais plus. Ceci avait été inséré dans l'espérance que je m'en contenterais, et que je ne ferais aucune esclandre.

« Il n'en fut pas ainsi, le dépit m'emporta ; je ne pourrais dire que ce fût lui qui me perdit, car mon sort avait été réglé à l'avance ; mais j'ai lieu de croire que la précipitation que je mis à me révolter contre cette mesure inique, contraignit ma rivale à presser l'exécution de la trame abominable dont je fus la triste victime.

« On avait profité des heures que je passais à la chapelle, pour contraindre ma troupe féminine à partir; on employa presque la force, car toutes prétendaient ne recevoir leur congé que de ma bouche. Les hommes tous vendus, ceux de l'intérieur au moins, à la cruelle Ursule, exécutèrent son commandement, et conduisirent par violence dans des charrettes à bœufs, et vers Tholose, ces dames, ces demoiselles, et ces femmes qui ne pouvaient admettre que ce fût moi qui leur enjoignais de partir aussi précipitamment, comme on osa le leur dire, tant la fallace coûtait peu à cette âme perverse.

« Ursule frappa des mains, les personnes de son choix parurent à la porte.

« Arrêtez, leur criai-je, aucune de vous

ne m'approchera; je vous ordonne de sortir de ma chambre, de ne jamais reparaître devant moi. Demain, au demeurant, j'abandonne ce château où je ne suis plus maîtresse ; je retrouverai en une autre maison cette autorité que m'a ravi dans celle-ci une insolente concubine.

« Ursule, terrassée par cet éclat, épouvantée de ce qui résulterait de l'exécution de cette menace, s'éloigna pâle, tremblante, mais déterminée à en finir tout de suite avec moi. Des sommifères furent mélangés dans les mets, dans le vin de mon souper que je fis solitairement dans ma chambre. A peine fus-je hors de la table, que la malignité du poison, agissant avec une véhémence peu commune, je tombai endormie sur ma chaise abandonnée ainsi à la noirceur active de celle qui me haïssait.

« J'étais épiée, et dès que l'on me vit dans

les bras du sommeil on m'emporta dans la chaise même où je m'étais placée, et sans me deshabiller je fus descendue par Poulpiquet et trois autres de sa bande dans le souterrain d'où mon fils bien-aimé m'a retirée tantôt. Ursule, quoique certaine de la soumission des domestiques ne les mit pas dans ce dernier secret; mes deux seules dames de compagnie et deux servantes y furent initiées. Ursule conta aux autres que j'étais tant exaspérée que je me refusais obstinément à les admettre chez moi.

« Bientôt on répandit le bruit que la violence de ma colère m'avait plongée en une fièvre ardente; on envoya quérir un médecin à Tholose, mais celui-ci, guetté par Poulpiquet, fut arrêté et assassiné sans doute, car il ne reparut plus. Trois jours s'écoulèrent pendant lesquels on feignit de l'attendre; enfin, le bruit de ce meurtre étant parvenu au château, une escorte nombreuse reçut l'ordre de monter à cheval pour aller quérir un autre physicien, mais au moment que les hommes d'armes traversaient le pont-levis, on courut après eux pour leur apprendre que ce voyage devenait inutile puisque je venais d'expirer.

« Rien n'avait été négligé de ce qui devait servir à tromper la multitude; l'infâme Poulpiquet, sans craindre le sacrilège, avait revêtu la robe d'un moine de saint Dominique et s'était présenté au château ; aussi dit-on au curé de La Bastide lorsqu'il accourut au bruit de ma maladie, que satisfaite du bon religieux, je ne voulais pas que d'autres prêtres se joignissent à lui.

« Le bruit de mon décès fut répandu : on habilla un mannequin qui fut placé sur un lit de parade que les vassaux ne virent que de loin, mais au lieu de me garder pendant neufs jours, selon la coutume observée envers des personnes de mon rang, on prétendit que mon cadavre se décomposait rapidement; une odeur infecte dont on imprégna le mannequin et qui infectait tout le château, servit à faire pardonner la promptitude extrême que l'on mit à me renfermer dans ma bière, celle-ci fut transportée solennellement à notre chapelle sépulcrale et le curé put rendre aux deux bûches ensevelies à ma place les honneurs qu'on me devait; on descendit la bière dans le caveau destiné aux femmes et aux époux de la branche aînée des Izalguiers, et la pierre tombale fut scellée avec un soin que commandait la crainte d'une découverte dangereuse.

« Le comte reçut en Flandre la nouvelle de ma maladie et de ma mort, je dois croire qu'il ne suspecta aucunement la sincérité de ce récit, il témoigna une douleur qui honorait notre union, et soit à raison de la guerre, soit pour toute autre cause, il prolongea son absence pendant plus de dix-huit mois, il revint, il fit chanter une messe solennelle, pria sur la pierre funèbre et huit jours après, convola en secondes noces avec ma rivale qui le rendit père à ce que j'ai su, d'un garçon et d'une fille.

« Voilà tout ce que mon geôlier le sénéchal, oncle d'Ursule, consentit à m'apprendre. Le cruel, jamais ne voulut me parler de mes enfans ; je vous laisse à penser ce que je dus ressentir lorsqu'à la fin de ce sommeil léthargique je me vis ainsi séquestrée de la terre des vivans et descendue avant ma mort dans un abyme effrayant. J'ignore d'où me vint dans les premières années de ma captivité, la force que je trouvai pour surmonter la véhémence de mon désespoir, ce ne fut qu'après un laps de temps considérable, que revenue plus calme et résignée je repris quelque tranquillité. Ma prison était vaste, composée de plusieurs pièces passablement meublées, une harpe me fut donnée, j'avais à ma volonté tous les livres du château, je pus même broder et on rencontrera dans une armoire de ma chambre, le meuble complet d'un appartement dû a mon aiguille et que j'ai eu le loisir d'achever malgré le nombre de pièces qui le composent.

« J'avais cessé d'espérer ma délivrance que dans le début j'attendais toujours ou de mon époux ou de mes frères; maintenant je ne pouvais croire en ma délivrance que dans le cas de la mort d'Ursule et encore supposé que son oncle lui survécut, je devais craindre qu'il ne me sacrifiât à la réputation de cette créature coupable; je me voyais prête à rentrer une seconde fois au tombeau et le trépas avait pour moi d'autant plus d'amertume qu'il arriverait sans que j'eusse revu une autre fois mes enfans. »

XXX

Récit du Templier.

> Que l'homme de bien trouve de force
> dans l'énergie de la vertu.

La comtesse acheva, son fils et son frère l'embrassèrent tour à tour, et elle se félicita du bonheur qui lui revenait avant celui qu'elle rencontrerait éternellement dans le ciel.

— Cher Alric, dit-elle au Templier, c'est à vous maintenant à nous débiter vos aventures, jamais vous n'aurez auditoire mieux disposé à vous écouter.

L'ancien chevalier du Temple remercia la comtesse d'un geste gracieux, puis prenant à son tour la parole, il dit :

— Je n'ai pas l'intention de reprendre ici l'histoire de ma jeunesse, je ne veux pas non plus vous entretenir du récit des combats, des ambassades qui occupèrent ma maturité, il ne me convient que de vous apprendre autre chose que les événemens dont la chaîne m'a conduit à cette grotte et dans les souterrains du château de mon beau-frère, voici ce qui m'arriva :

« Vous étiez déjà prisonnière, ma chère sœur, lorsque le pape Clément V (1) monta

---

(1) Bertrand de Goth archevêque de Bordeaux

sur le trône de Saint-Pierre. Le bruit se répandit dès son avènement, que le roi de France alors régnant, sa majesté Philippe-le-Bel avait déterminé la nomination au souverain pontificat de l'archevêque de Bordeaux, en conséquence d'un certain nombre de concessions que celui-ci s'était engagé à lui faire, dans le nombre était la destruction de l'ordre des Templiers.

— Quoi, n'est-il plus, demanda la comtesse avec surprise.

— Il a disparu de la terre, et ses membres ont péri marqués du sceau de l'infamie ou vivent encore obscurément cachés. Un concie sollennel, assemblé à Vienne en Dauphiné, et présidé par le pape, anéantit

---

fût élu pape en 1305 le 21 juin; il avait marié sa sœur Elpide à Amanieu sire et baron souverain de Langon; de ce mariage nacquirent Amanieu II, Gaillard de Lamothe-Langon cardinal et plusieurs autres enfans.

cet ordre auguste et excommunia les chevaliers qui persisteraient à le maintenir. Le grand maître Jacques Molay, le dauphin d'Auvergne, plusieurs autres hauts seigneurs et nobles, au nombre de plus de cinquante, périrent à Paris par le supplice du feu, d'autres les suivirent à cette fin douloureuse, et dans toute l'Europe, les maisons du saint Temple furent démolies ou fermées.

« J'étais l'un des chevaliers les plus influens de notre ordre, je me rendais à Paris en pleine confiance pour y subir mon jugement, pour y confondre le mensonge des deux traîtres Seguin et Fleuriau qui nous avaient dénoncés ; mais ayant appris en route la barbarie avec laquelle on en avait usé envers mon grand maître et les dignitaires de l'ordre, je compris la haine du roi, je savais sa puissance, je jugeai de l'inutilité des efforts que je tenterais.

En conséquence, quittant mon cher et noble habit, je courus m'ensevelir au monastère de La Grasse, où je vécus pendant plusieurs années en simple reclus, me contentant de mes premiers vœux et ne croyant pas pouvoir en faire d'autres, mon frère l'abbé un jour m'entretint d'une lettre qu'il avait reçue du comte de Thezan, notre aîné, il lui mandait que l'autre mariage de notre beau-frère Izalguier était devenu fécond, que la deuxième femme qu'il avait pris passait pour méchante et dangereuse créature ; que par conséquent et comme elle avait mis au monde un fils qui grandissait, il serait possible qu'elle tentât de faire mourir notre neveu Gallois, l'aîné de la famille et par suite l'héritier présomptif du comte.

Cette lettre m'inquiéta : une seconde

augmenta ma méfiance, alors je formai le plan de me rapprocher de mon beau-frère, afin de veiller à la conservation de notre neveu. Je sortis librement de La Grasse, sous prétexte d'un pèlerinage à Rome; j'allai d'abord vers cette capitale du monde chrétien, et au bout de trois mois, en étant de retour, je me rendis à Carcassonne où était le comte mon frère; je m'abouchai avec lui, je lui communiquai ma résolution, il y applaudit et puisque je ne voulais plus rentrer dans le monde, il me força d'accepter une grosse somme en or, afin de m'en servir si j'en avais besoin pour gagner quelque domestique, et bien caché sous l'habit monacal que je portais, je vins m'établir au village de la Bastide, prétextant un grand état de faiblesse qui ne me permettait pas de poursuivre mon chemin.

« J'étais à peine installé chez de bons

paysans, lorsque l'on me parla de l'ermite de cette grotte; il était bien vieux, disait-on, et déjà on se demandait qui le remplacerait si on venait à le perdre. Je ne fis sur son compte aucune question; mais charmé d'apprendre son existence, je ne balançai pas à me rendre près de lui, et enfin j'obtins la permission d'être son adjoint.

« La Providence voulait le succès de mon entreprise. Quels ne furent pas mon étonnement et ma joie, lorsque, dans cet humble cénobite, je reconnus le chevalier templier Alphonse de l'Ile-Jourdain, qui, depuis quarante ans, et très antérieurement en conséquence à la destruction de notre ordre, l'avait soudainement abandonné pour faire pénitence des erreurs de sa jeunesse, et même de son âge avancé; car, à l'époque où je le rejoignis, il atteignait sa centième année.

« Le contentement de ce vieillard, si avancé vers le terme de sa vie, ne fut pas moindre que le mien ; il me revit avec satisfaction, me disant :

« — Ah ! mon ami, Dieu m'a pardonné, puisqu'il m'envoie, pour m'ensevelir, un de mes frères ! et celui que j'ai élevé, car on vous confia à mes soins lorsque de minorité vous fûtes reçu dans le saint Ordre ! Oui, fixez-vous ici, j'y consens et je vous en prie, vivez avec moi ; hélas ! j'ai peu de temps à demeurer avec vous.

« Je m'installai donc dans les deux premières grottes ; je ne fis aucune autre recherche tant que vécut mon respectable compagnon ; mais comme si pour expirer, il n'eût qu'attendu ma présence, je le perdis vingt jours après ma venue, auprès de lui plusieurs miracles qui suivirent sa fin achevèrent de le canoniser dans l'esprit des habitans, et la ferveur qu'on lui voua retomba sur moi ; je devins à mon tour l'objet de la vénération de la contrée, et cela uniquement parce que le pieux Alfonse de l'Ile-Jourdain m'avait avoué pour son ami.

« Lorsque je fus seul, la fantaisie me prit d'explorer les cavités profondes de la grotte ; successivement je fis des découvertes qui me conduisirent au bord du précipice ; je le franchis une première fois, à l'aide d'une échelle de cordes ; ensuite, je remplaçai celle-là par des crampons d'airain qui nous ont servi tantôt pour sortir du souterrain.

« Plus tard, je fis jouer le ressort par lequel on sépare en deux un mur qui semble n'être que d'une pièce ; je descendis, à l'aide des degrés, dans la vaste caverne, et je vis le premier sur son autel les ornemens d'art que les anciens Izalguiers avaient ajoutés à la merveille de la nature.

« Le couloir du ruisseau était obstrué par des débris amoncelés ; je devinai que là il devait y avoir un passage, j'en retirai les pierres qui le bouchaient, et je franchis ce pas périlleux. Au-delà, ma bonne fortune me conduisit tout d'abord vers une salle dans laquelle, par derrière, une statue de marbre qui tourne avec sa niche, je fis la conquête de l'autre portion ignorée, des Izalguiers actuels, de la longue et étroite galerie qui se replie à l'entour de la muraille intérieure du château. Ce fut pour moi une acquisition précieuse, puisqu'elle me rendit maître de cette grande et forte demeure, et que par elle je pus surprendre presque tous les secrets des habitans de ce manoir.

« Plus tard encore, je parvins à la découverte des autres divisions des souterrains ; mais Dieu, qui réservait au fils la délivrance de la mère, me déroba la connaissance de la partie dans laquelle s'ouvrait le cachot de ma belle-sœur. D'un autre côté, il m'en offrit une autre en me conduisant à l'issue qui, passant par le caveau sépulcral, aboutissait dans l'intérieur de l'église funèbre.

« Amené donc dans le lieu où je me heurtai contre la bière de ma sœur, et déjà soupçonnant son existence par suite d'une conversation mystérieuse qui avait eu lieu entre Ursule et son oncle, et que j'avais écoutée, je me déterminai à violer le dernier asile de l'humanité; Là, ayant avec un soin religieux, ouvert le cercueil, oh! que ma colère et ma joie tout ensemble furent véhémentes! lorsqu'au lieu des froides reliques que je devais rencontrer, je ne trouvai que deux grosses bûches et deux pierres soigneusement empaquetées dans les suaires et le linceul.

« Emporté par mon courroux je déchirai le poële de velours et les linges imposteurs, je ne voulus pas me prêter au triomphe de la tromperie en rétablissant le cercueil comme je l'avais vu d'abord, je ne doutai plus que ma sœur ne fut en vie, mais la gardait-on prisonnière dans Beauvoir ou bien était-elle reléguée dans un autre château.

« Dès ce moment j'attendis avec impatience le retour de mon neveu qui, après avoir été cueillir à la guerre des lauriers glorieux était venu visiter ses oncles l'abbé de la Grasse et le comte de Thezan, je me décidai à le faire venir dans l'église où reposaient ses aïeux ; là, et pendant la nuit, car je choisissais ce temps, propice à dérober aux indiscrets ce que je réservais au seul Gallois, je lui ouvrirais le caveau mortuaire et en lui montrant le sépulcre vide de sa mère, je lui apprendrais aussitôt ce qui avait eu lieu.

« Afin de préparer ma victoire, et profitant des passages que je pouvais parcourir sans danger, je revêtis le costume que vous me voyez, couvris ma tête tour à tour d'un voile noir ou d'un masque hideux, ou enfin d'un qui représentait une tête de mort, dans le but de terrifier par une telle vue, ceux assez hardis pour m'atteindre, puis sonnant une cloche lugubre et tantôt me servant d'une lanterne sourde ou d'une torche, selon que je croyais plus ou moins utile de répandre autour de moi une clarté formidable, je me mis à parcourir les souterrains, les couloirs secrets du cimetière et même la campagne, certain que nul ne m'approcherait, si enfin il eut été des hommes assez audacieux pour tenter de me surprendre, j'avais attaché, soit à la lanterne, soit à la torche une composition dont je rapportais le secret de la Palestine, un seul coup de doigt la faisait partir et pendant une demi-heure, j'aurais paru environné d'un feu rouge et d'une flamme bleue à peu près inextinguible, car c'était une sorte de feu grégeois imité de celui des Grecs.

— Certes, je connais trop la superstition de mes compatriotes, pour douter qu'à l'aspect de ce météore ils ne se fussent reculés frappés de stupeur en me prenant pour un ange ou pour une divinité infernale, leur effroi m'aurait laissé le moyen de fuir, et si l'un d'eux plus téméraire avait affronté le prodige, l'activité dévorante de cette composition l'aurait consumé sur le champ ; j'étais donc invincible.

« Muni de ce secret, je m'aventurai et le

succès couronna mon espérance, partout je répandis la terreur : des mots lamentables, entrecoupés et que je jetais à propos effrayèrent mon beau-frère, que je ne croyais pas bien innocent de la captivité de sa première femme; je fis trembler pareillement la méchante Ursule qui ne doute plus que ses crimes ne soient dévoilés par un être supérieur.

« Je me vis dès ce moment le maître réel du château de Beauvoir, mais mon neveu ne reparaissait pas encore et sans lui je ne pouvais rien, je l'attendais avec une impatience extrême, enfin il entra dans le manoir paternel, j'en eus soudain l'avis au moyen d'un domestique, gagné grâce à l'or que je puis distribuer. Aussitôt je me mis en campagne, j'effrayai tour à tour, et de nouveau la fausse comtesse, j'irritai mon beau-frère en punition de son inconstance et de sa faiblesse, enfin je parvins, à l'aide du valet dont je viens de parler, à déterminer mon neveu à se rendre vers onze heures au cimetière, là je le conduirais vers l'église en me montrant à lui et le reste aurait lieu ainsi que je vous l'ai dit ailleurs, mais un incident que je ne pouvais prévoir changea notre position et sans en être complice, je faillis livrer le vicomte Gallois à la malice de ses ennemis.

XXXI

Suite du récit du Templier.

*Tout ce que les hommes croient inventer
c'est la Providence qui l'ordonne.*

« En même temps que mon neveu, poursuivit le chevalier du Temple, arrivait au château de Beauvoir, le bandit Poulpiquet s'y rendait pareillement, amenant avec lui ma nièce Eumérie de Thezan, qu'il avait enlevée à la tendresse de mon frère; ce misérable, conduisant les bandes nombreuses auxquelles il commande, se rendit tout de suite l'objet de la terreur des campagnes voisines, à raison de la nonchalance que mit à le combattre le comte Izalguier, jouet continuel de sa perfide concubine.

Ce brigand environna le château de ses patrouilles, de ses gardes avancées, si bien que la sécurité du lieu n'exista plus. Le rendez-vous auquel je vous appelais, mon cher Gallois, vous était connu lorsque moi-même je fus instruit du nouveau péril que vous courriez; en conséquence, et le temps me manquant pour vous en prévenir, je disposai dans le caveau sépulcral où je tenais toujours à vous attirer la chose de manière que si nos ennemis vous poursuivaient, vous pussiez leur échapper sans peine en descendant aussitôt dans la portion des souterrains dont je disposais seul ; je fus encore trompé dans ce calcul.

L'heure arrivée, et charmé d'un orage qui, s'élevant, prêtait à mes prestiges sa puissance de superstition, je me vêtis en fantôme, et fûs vous attendre dans le cimetière ; vous fûtes exact, votre écuyer vous suivait, vous m'aperçûtes et vous marchâtes sur mes pas, mais la mauvaise fortune conduisit en cet instant et près de vous Poulpiquet et une partie de sa troupe, on vous vit et l'on se mit à vous poursuivre ; vous entrâtes dans l'église ; vous trouvâtes l'ouverture du caveau, vous y descendîtes avec intrépidité ; là, je vous entendis murmurer et manifester votre indignation contre les violateurs du cercueil maternel, bientôt après, le desir de me poursuivre vous fit franchir les degrés souterrains, vous le fîtes si soudainement que pour n'être pas saisi par vous et maltraité peut-être dans l'instant premier de notre rencontre, je dus non vous ouvrir mon issue cachée, mais m'y retirer moi-même afin de vous laisser passer et vous laisser diriger dans les autres souterrains où je me flattais de retourner à propos.

Tout cela eut lieu avec tant de promptitude que je pus rentrer dans le caveau et me cacher dans un coin sans être vu de votre écuyer, sa poltronnerie le détermina à prendre votre chemin, il descendit alors, je me hâtai de recouvrir l'ouverture au moyen d'une pierre tombale et me disposai à recevoir les brigands. Mon aspect les épouvanta si bien que loin de venir à moi, tous reculèrent, rentrèrent dans l'église et la quittèrent sur le champ; il me devint aisé de refermer aussi la dalle de marbre posée au-dessus du caveau, et je l'assujétis en-dedans de telle sorte que pour qu'elle leur livrât passage une autre fois, il aurait fallu qu'ils la brisassent, ce que sûrement ils n'oseraient pas.

Je me flattais ainsi de les écarter des souterrains, mais la comtesse leur avait livré l'entrée correspondante à la vieille tour; ce fut dans cette ruine que Poulpiquet établit son quartier général, bientôt lui et les siens parcoururent nos grottes solitaires, vous savez, cher Gallois, ce qui vous arriva, comment, rencontré par votre belle-mère et à l'aide de ce que vous veniez d'entendre, et de mon influence cachée, puissante toujours, vous parvîntes à la forcer de vous livrer passage et à vous laisser cette fois votre liberté.

Impatient de vous voir et par votre assistance de délivrer ma nièce, je tardai peu à me mettre en communication avec vous, par l'intermédiaire du domestique gagné à notre cause, je vous donnai un autre rendez-vous, et là, je comptais vous tout apprendre; je fus encore trahi par les événemens. La méchante Ursule ne pouvant ni vous déterminer à épouser sa fille naturelle, ni se décider à vous rendre votre belle cousine forma de nouveau un projet criminel, non moins qu'audacieux : surpris vous aussi, par un sommeil factice comme celui qui avait enivré votre mère; vous fûtes pareillement plongé dans un noir cachot, où nul habitant de la terre supérieure ne devinerait votre existence. Vous veniez d'être enlevé depuis moins d'une heure, lorsque, par le secours d'une issue secrète, je pénétrai dans votre chambre, vous n'y étiez plus; j'y trouvai mon innocent complice, il m'apprit qui vous avait surpris, et vers quel endroit on venait de vous conduire.

« A ce triste récit, je m'effrayai de l'activité de la malice d'Ursule; je rentrai dans le souterrain, et après des recherches minutieuses, je parvins à reconnaître la situation de votre caveau. Que nous nous serions épargnés de tourmens et d'heures pénibles, si j'eusse pu me douter que le sénéchal n'emportait pas dans sa demeure terrestre les clés des divers cachots; j'aurais fini depuis long-temps par mettre la main sur elles, et tout eût été pour le mieux. Vous, plus adroit, ou, je le pense, mieux servi par la Divinité, avez fait du premier coup cette découverte si éminemment précieuse.

« J'errais autour de votre prison, mais elle était constamment gardée de loin, et d'assez près pourtant, pour que je ne pusse vous parler sans être aperçu; je craignais que votre marâtre n'eût ordonné votre mort en désespoir de cause : voilà le motif de la circonspection que je mettais à me rapprocher de vous.

« La Providence en a décidé autrement; vous avez par vous-même recouvré votre liberté, assuré celle de votre mère; il ne nous reste plus maintenant qu'à agir de concert pour nous emparer de la comtesse Eumérie. »

Le templier prononçait ces dernières paroles, quand on heurta brutalement à la claire voie de la grotte extérieure ; en même temps un sourd cliquetis d'armes se fit entendre.

— Ah! voici mon oncle, dit Izalguier transporté.

— Je ne le pense point, répartit à voix basse le templier; ce sont plutôt les brigands. Hâtez-vous de repasser tous deux la muraille fendue, et attendez là que je vienne vous retrouver.

La lampe d'Izalguier brûlait encore, il l'avait peu auparavant alimentée avec l'huile que lui venait de fournir son oncle; il la prit et entraîna sa mère épouvantée, et qui tremblait de retomber au pouvoir de la barbare concubine de son époux.

Cependant le bruit redoublait de violence à la porte d'entrée; bien que d'ailleurs ceux qui se permettaient un tel vacarme n'osassent pas franchir un seuil révéré à cause de la sainteté de l'ermite, celui-ci ne s'était aucunement trompé; c'était un détachement de la troupe des bandits, conduits par leur chef en personne. Lorsque le templier se présenta, ayant dans la main gauche sa préparation chimique, et dans la droite sa lanterne sourde, le principal brigand lui dit rudement :

— Holà! Oh! bon homme de Dieu, n'étiez-vous donc pas en prière, et vous abandonniez-vous aux douceurs du sommeil, puisque vous avez mis tant de retard à vous montrer?

— Quand les ennemis de Dieu et des mortels remplissent activement les airs et la terre, les serviteurs de celui que j'adore, répartit l'ermite, auraient tort de ne pas veiller; j'étais en présence de mon souverain maître, et j'avais peu de hâte de le quitter.

— Voilà une réplique bien arrogante, répondit Poulpiquet; je ne sais qui me tient que je ne t'en punisse, hypocrite, caffard, arrêté dans ce lieu tout exprès, je présume, pour nuire aux personnes que tu devrais respecter.

— Mes égards, ma soumission sont acquis à quiconque marche dans la voie de la vertu et de la probité; mais à qui s'en écarte, je ne dois qu'une justice rigoureuse, et je la lui fais toujours.

— Capitaine, entendez-vous ce coquin qui nous menace? dit un voleur, espèce de géant.

Et aussitôt il leva son sabre sur la tête du templier; celui-ci, attentif aux gestes des bandits, recula d'un pas, heurta de la main droite une portion de la composition chimique qu'il tenait de l'autre, et la dirigea vers l'assassin. Aussitôt une lame de feu en partit avec une vélocité prodigieuse, atteignit le misérable à la figure et au cœur, et le renversa mort comme s'il eût été frappé de la foudre.

Au résultat de cette défense inconcevable, tous les camarades du défunt prirent la fuite; Poulpiquet lui-même, frappé de terreur, se recula bien en arrière de la grotte ; ce qui donna le loisir au templier de compléter son système de défense. Ceci fait, lui, à son tour, s'avança de quelques pas, et cria au chef des voleurs de venir enlever son satellite d'une place qu'il souillait. Poulpiquet, peu rassuré, ayant rallié six de ses plus braves, obéit à l'injonction de l'ermite ; mais cette fois, son arrogance avait disparu, lui et les siens étant près à rentrer dans la grotte, s'agenouillèrent, et d'une voix où la peur éclatait, tous ensemble s'écrièrent :

— Saint homme, nous assurez-vous contre le tonnerre qui est à votre commandement?

— Pourquoi venez-vous à moi? répondit le templier.

—Deux captifs importans se sont échappés de la prison baronnale du château de Beauvoir, et mille sols tholosains d'or sont promis pour chacun d'eux que l'on remettra au pouvoir de qui de droit. Je suis chargé, continua Poulpiquet, de cette recherche, et, certain que ces personnages n'ont pu encore quitter la paroisse de La Bastide, j'avais imaginé que peut-être votre bienveillance charitable leur avait donné asile.

— Eh! depuis quand, répartit avec gravité l'ermite, le puissant comte Izalguier remet-il à gens de votre sorte, car je vous connais, l'exécution de ses ordres? Certes, le cas me paraît étrange et digne que je l'approfondisse. Dès le soleil levé, j'irai trouver le sire Pons et m'enquierrerai à lui de la nécessité qui l'a conduit à prendre à sa solde le brigand Poulpiquet et ses gens.

— Vous nous connaissez donc? demanda le brigand troublé.

— Penses-tu que Dieu ne veille pas sur toi? Tremble, malheureux, toi et toute ta suite! tremble que le jour de la vengeance n'approche trop rapidement! Voici déjà un des vôtres qui, lorsqu'il était loin de s'y attendre, s'en est allé rendre compte à l'enfer de ses méfaits; que son cadavre noirci par le feu vengeur qui l'a consumé, vous remémore par sa vue les flammes éternelles auxquelles vous êtes voués. Partez, croyez-moi; quittez cette contrée, la Providence est lasse de vos méfaits, et quelques instans écoulés, le châtiment ne se fera plus attendre.

Atteints d'un effroi complet, les brigands, et en tête leur détestable chef, emportèrent silencieusement le corps de leur camarade. A peine eurent-ils dépassé l'ouverture de la grotte, que du haut de celle-ci tomba jusqu'à terre un rideau de lumière, si rouge, si foncée, que les voleurs à son aspect, précipitant leurs pas, s'en allèrent en se jurant réciproquement que quelque ordre qu'on pût leur donner ou promesse qu'on voulût leur faire, ni par crainte, ni par obéissance, ni pour de l'or, ils ne viendraient menacer le mystérieux et redoutable ermite, le saint vivant sur la terre et qui faisait descendre à son commandement la flamme du ciel et la foudre dévorante. Cette frayeur, peu après, alla même plus loin.

Le rideau de lumière, dont la durée était savamment calculée, intercepterait pendant une heure la communication du dehors avec la grotte. Aldric en profita pour courir à la recherche de sa sœur et de son neveu. Les ayant rencontrés, il les ramena avec lui, et leur conta ce qui venait de se passer, par quel tour d'adresse il avait su établir sa supériorité sur les satellites ordinaires d'Ursule, trop épouvantés désormais pour la servir en rien de ce qui les remettrait en rapport avec l'ermite de Beauvoir.

De son côté, et profitant du loisir qu'elle en avait, la comtesse priait son fils de l'instruire de ce qu'elle ignorait quelle était surtout cette Helmonde dont une phrase du templier lui avait révélé l'existence.

Izalguier, rougissant et rempli d'une confusion pudique, dut conter à sa mère l'amour qu'il avait inspiré à la fille naturelle d'Ursule, que celle-ci, la faisant passer pour sa nièce, était parvenue à arracher à son trop faible époux son consentement à l'hymen honteux de son héritier avec une créature née du commerce criminel d'Ursule et de Poulpiquet.

La comtesse, à cette révélation terminée, poussa un cri de noble indignation. Elle serra dans ses bras Izalguier avec un redoublement de tendresse.

— Mon fils, mon cher fils, lui dit-elle,

j'espère qu'aucune puissance humaine, que nulle considération de famille ne vous amènera à nouer ces infâmes nœuds. Ah ! jamais mon consentement ne leur sera donné.

— Rassurez-vous, ma mère, répartit Izalguier, en accompagnant ces mots d'un sourire mélancolique, quand même l'amour que j'ai voué à ma charmante cousine n'existerait pas, ma main ne descendrait point à se souiller par le contact odieux de celles de l'enfant du vice et du crime.

XXXII

De nouveaux Personnages.

> C'est le hasard qui nous impose des parens, c'est à notre choix que nous devons des amis.

Il y avait peu de temps que le Templier avait rappelé sa sœur et le vicomte, lorsqu'un nouveau personnage se présenta à l'entrée de la grotte, c'était maître Paschal Bonnet qui, glacé de terreur et se mourant de crainte de tomber au pouvoir des bandits, courant alors l'estrade, venait annoncer au Templier l'arrivée prochaine du comte de Thezan.

Ce seigneur, accompagné des sires d'Aurival et de Langon, ses parens et amis intimes, était parti de Tholose à la tête de trois cents hommes d'armes, la plupart gentilshommes bien aguerris et très capables de déconfire la bande de Poulpiquet, bien que celle-ci montât à peu près au même nombre.

Paschal qui depuis l'emprisonnement de son maître avait fait diverses courses, n'était pas sans éprouver de la honte de son abandon; Izalguier le reçut en se moquant du personnage, il lui demanda combien de couronnes il rapportait des jeux floraux, et si les mainteneurs l'avaient investi de la joie de la violette d'or fin.

— Trop de mauvais goût et d'ignorance règne, répondit le troubadour écuyer, dans la ville de Tholose, pour que récompense y soit donnée aux véritables beaux vers, on n'a pas rougi de me préférer Armand Vidal de Castelnaudary, méchant rimeur, aussi loin de moi que le soleil l'est de la terre.

— C'est dire beaucoup, mon ami, répartit rudement sire Aldric, il me semble que celui dont vous parlez avec tant de mépris jouit d'une haute renommée; la vôtre encore ne la dépasse pas.

Bonnet à ce propos déplaisant, prit à part Izalguier.

— Chevalier, dit-il, quel est cet Ermite qui se mêle d'autre chose que de son bréviaire? il m'a l'air d'un parpaillot déguisé.

— Je ne te conseille pas, répartit Izalguier, de lui exprimer ta façon de penser sur son compte; je viens de lui voir réduire en cendre avec l'aide du feu du ciel, un homme dont il était mécontent.

— M'est avis, sire, qu'il doit avoir plutôt des amis dans l'enfer, et quelle est donc cette noble dame si magnifiquement vêtue, et qui se voile avec tant de soin ?

— Une proche parente de mon hôte.

— Ne serait-ce pas plutôt sa donzelle ?

— Drôle, tu mériterais de mourir sous le bâton, répartit le vicomte indigné de cette conjecture insolente.

— Eh! la, la, monseigneur, tout doux, ne me confierez-vous pas pourquoi je vous trouve ici au lieu d'être dans le château de Beauvoir.

— Tais-toi, pas de question, prépare-toi seulement à me suivre dans les souterrains que nous avons parcourus ensemble.

— Oh! sire, au nom de Dieu, répartit

l'écuyer, tout tremblant, ne me contraignez pas à rentrer dans ces fatales cavernes où l'on ne rencontre que des voleurs ou des revenans, où la réclusion est plus certaine qu'un bon repas ; employez ma valeur sur terre, là, elle ne vous fera faute ; mais dans cet enfer, je ne saurais seulement tirer mon épée.

Izalguier riait de la frayeur de son ancien camarade d'études, lorsqu'un sourd piétinement de chevaux et le cliquetis inévitable des armures apprirent au templier que des gens de guerre venaient à lui ; il se hâta de sortir de sa caverne, et en effet, à la lueur incertaine qui précède l'aube, il reconnut la compagnie de son frère que le guide dirigeait ver ce lieu.

Sire Aldric alors rentra, il engagea sa sœur à se retirer à l'écart, afin que sa présence devant tant de personnes ne divulguât trop tôt un secret qu'il fallait encore cacher; il la conduisit dans le fond de la grotte, lui donnant pour escorte le tremblant Paschal, qui, naïvement, demandait par où l'on viendrait à son secours.

En ce moment, le comte de Thezan, les barons d'Aurival et de Langon, parurent à l'entrée de la grotte, leur suite belliqueuse les suivant de près.

—Est-ce toi, cher Aldric? s'écria le comte en ouvrant les bras à son frère qui s'y précipita; toi qui, après tant d'années écoulées, me reviens pour me rendre un service aussi majeur. Voici nos alliés, nos amis de Langon et d'Aurival; ils ont voulu se joindre à moi, et tu ne dois leur rien taire de ce qui te reste à m'apprendre.

—Avant toute chose, répartit le templier, et afin d'éviter une lutte inutile entre la suite des gens du brigand, et peut-être les soldats de notre beau-frère, fais un appel aux tiens; il y a ici proche une caverne assez étendue pour contenir leur nombre, et pour que leurs coursiers soient pareillement à couvert.

En effet, la manœuvre s'effectua, cet escadron disparut en peu d'instans sans laisser trace de son passage. Les bandits effrayés de la scène magique qui venait d'avoir lieu avaient abandonné la campagne, ils étaient tous entrés dans les souterrains de sorte qu'ils ne purent prendre ou donner l'alarme à l'approche des trois cents hommes qui accompagnaient les trois hauts chevaliers, les sentinelles de garde sur les tours du château de Beauvoir, n'étant prévenues de rien, prirent pour un mouvement des brigands dont elles se savaient environnées, la marche de cette troupe étrangère, aussi de leur part, également ne vint aucun éveil, soit au comte Izalguier, soit à Ursule de Fontane et ceux des villageois qui les rencontrèrent, s'imaginèrent également que c'était un escadron de Poulpiquet, tout se réunit pour étendre un voile favorable sur une expédition qui aurait dû naturellement tourmenter les habitans du château.

Cette mesure de prudence accomplie, le templier s'adressant à son frère et à leurs deux parens, leur raconta tout ce que le lecteur sait déjà; certes, il y eut dans le cœur du comte autant d'allégresse que d'indignation il eut peine à croire le comte Izalguier étranger à la triple captivité de sa femme, de son fils et de sa mère, il voulut embrasser sur le champ sa sœur et son neveu, tous deux se montrèrent et dans leurs embrassemens de douces larmes furent répandues.

—Aldric, dit ensuite le sire de Thezan, il

n'y a pas de temps à perdre, chaque heure que ma fille passe dans sa dure captivité augmente péniblement le poids posé sur mon cœur. Ne balance plus à nous conduire, nous sommes assez fort pour vaincre des ennemis en nombre double de celui que nous leur opposerons.

Le Templier ne voulait aucunement imposer un frein à la juste impatience d'un père, en conséquence, il distribua aux gens d'armes une provision de flambeaux suffisante pour éclairer leur marche et puis se mettant à la tête de la troupe, la conduisit par les couloirs, déjà connus du lecteur, jusques aux crampons d'airain que tous descendirent, même la comtesse Mahaud, trop effrayée pour se séparer désormais des êtres qui lui étaient chers et dont la protection lui répondait de sa délivrance.

Paschàl Bonnet aussi ne voulut pas rester

seul dans l'ermitage, sa poltronnerie sans pareille lui présentant beaucoup plus de danger dans une solitude complète qu'en une compagnie si puissante et si courageuse, on le vit se mêler parmi les hommes d'armes et se rapprocher de la mère de son ami auquel il se présenta en sorte de chambellan.

La noble troupe parvenue à la caverne de l'autel, en admira la décoration imposante et magnifique, elle se prosterna tout entière devant l'image du Christ, et chacun dans une courte et fervente prière, demanda au ciel de se prononcer en faveur d'une entreprise aussi juste.

Ce devoir pieux accompli, le templier toujours à la place de guide, conduisit les chevaliers vers le ruisseau, on en eut bientôt désobstrué le passage, et on se courba pour franchir ce couloir, le seul qui fut véritablement pénible. Lorsque l'on parvint à la partie opposée des souterrains, sire Aldric divisa la troupe en trois corps qu'il conduisit à trois branches diverses, aboutissant toutes à la rotonde que garnissait la table démesurée, là on devait se rejoindre et on occuperait le seul passage qui conduisait à la prison ou damoiselle Eumérie était détenue.

Mais avant de poursuivre ce récit, je dois retourner sur mes pas et raconter ce qui s'était passé dans ces sombres demeures, depuis l'instant ou l'on s'était aperçu de la double invasion. Ursule, impatiente d'en finir avec ses victimes, venait de se déterminer à se défaire de toutes les trois si elles persistaient à ne pas la satisfaire, ou plutôt la mort de la comtesse Mahaud et de sa nièce étaient résolues, celle d'Izalguier dépendrait uniquement de l'aveu qu'il donnerait à son mariage avec Helmonde.

Cette série de crimes arrêtée, Ursule, sans en rien laisser connaître à son oncle, trop vertueux encore pour accepter sa part de tant de mauvaises actions, se détermina à descendre dans les souterrains, où elle ne doutait pas de rencontrer ceux que sa haine poursuivait avec tant de véhémence.

Elle voulut d'abord emmener Helmonde; mais redoutant que sa tendresse, bien que rebutée, ne voulût pas consentir à la perte de son amant, elle ne lui confia rien non plus de ce qui roulait dans sa tête. Ce fut son cousin-germain qu'elle appela; il était en retraite au poste de la vieille tour. La nouvelle lui avait été portée que les capitouls de Tholose, las de ses déprédations, assemblaient les bans de la noblesse pour lui courir sus, et il ne prétendait pas être surpris; il veillait donc lorsqu'Ursule parut.

— Quel soin t'amène, lui demanda-t-il,

étonné de la voir, sans qu'à l'avance elle lui eut annoncé sa venue. Elle se hâta de lui répondre qu'ayant tout calculé, il lui était démontré la faute énorme si long-temps perpétuée de laisser vivre la comtesse Mahaud.

— Je puis, ajouta-t-elle, mourir avant cette rivale odieuse. Alors elle reparaîtrait, et ma mémoire serait en exécration. Qu'elle périsse, je n'aurai plus aucune crainte. Je ne peux éviter de la voir, soit dans mes rêves, soit que je veille, se présenter tout à coup à son époux, réclamer ses droits et prétendre à la vengeance. La chose peut avoir lieu; l'ennemi inconnu que nous ne pouvons apercevoir, qui, invisible, me surveille, et dont la terrible cloche retentit au milieu de nous, sans que l'on parvienne à la saisir, ignore-t-il la prison de la comtesse? S'il la délivre, s'il la conduit auprès du sir de Thezan, qu'adviendra-t-il ? Je ne peux y rêver sans frémir. Quant à la jeune Eumérie, continua Ursule, si je lui rends la liberté, ne saura-t-elle pas que je la lui ai ravie ? son père ne cherchera-t-il pas à me punir ? Enfin, tant qu'elle sera vivante, l'espoir de s'unir à elle ne s'éteindra pas au cœur d'Izalguier. La prudence d'une part, les intérêts de ma fille de l'autre, me commandent impérieusement cet acte de rigueur.

— Et tu feras bien, répondit son coupable parent qui, déjà tout souillé de crimes, ne se croyait en sûreté qu'en multipliant le nombre de ses complices, il y a long-temps que tu aurais dû en finir avec la comtesse. Quant à la seconde, sa mort prompte nous sauvera, et le chevalier ?

— Celui-là règlera lui-même sa destinée. Si la crainte du trépas, si les charmes d'Helmonde, le décident à pencher vers notre fille, je le rends à la lumière, certaine alors qu'il assurera le sort d'Hugues et de Célénie ; mais si après les avoir taxés de batardise, comme il a osé le faire, il persiste à se maintenir en ennemi de sa maison, il ira se réunir à sa mère et à sa cousine.

— Que dira son père ?

— Il ne saura jamais ce qu'il est devenu ; il s'en ira le chercher dans toute l'Europe, en Grèce, en Terre-Sainte peut-être, et non à Beauvoir. Il croit déjà que ce fils aventurier a pris sa course loin de ces murailles, et jusqu'à présent il ne s'est inquiété en aucune manière de son existence. Cependant, hâtons-nous ; prends avec toi tes plus fidèles camarades, rendons-nous d'abord au cachot de ma rivale, et là, qu'elle tombe sous vos coups ; ce sera me rendre heureuse que de me faire entendre ses douloureux et derniers sanglots.

Le brigand, laissant éclater sa joie féroce, prit avec lui quatre de ses compagnons, tous cruels, impitoyables, affamés du malheur d'autrui et presque ivres de sang humain. Il leur expliqua rapidement ce qu'ils allaient faire, et ces monstres, à face d'hommes, le remercièrent de la préférence qu'il leur accordait.

La troupe infâme chemine silencieusement sans rencontrer ni le vicomte, ni sa mère qu'il venait de délivrer, et pourtant ils passèrent très près d'eux; mais la Providence veillait sur ce couple vertueux. Ursule, se détachant des bandits, s'en alla seule, droit à la pierre sous laquelle son oncle avait la coutume de cacher les clés des diverses prisons; étonnée de ne pas les y trouver, elle pensa que depuis que la bande de Poulpiquet rôdait sous ces voûtes, le sénéchal avait repris ce trousseau qu'il croyait plus en sûreté à sa ceinture.

Cet incident amena un retard. Poulpiquet envoya l'un de ses gens à la recherche de son père; bientôt celui-ci accourut, déclara à sa nièce que les clés réclamées devaient être au lieu où elle avait cherché inutilement. On y retourna; une nouvelle perquisition fut vaine, le trousseau avait disparu.

Ursule terrifiée, osant à peine douter du revers qui la menaçait, courut droit au cachot de la comtesse. Le chevalier, par prudence, en avait refermé la porte; on se mit en devoir de l'enfoncer, et tandis que cet acte de violence s'effectuait, le chef des voleurs appelant à lui les plus proches sentinelles, et voulant d'ailleurs éviter d'être reconnu de son père, dont il s'était reculé jusque-là, se rendit avec une rapidité extrême au lieu qui renfermait Izalguier. Là, pareillement, on brisa la porte, on entra, et on ne vit que la chambre vide et la muraille démolie.

XXXIII

Embarras des Coupables.

> Les méchans prospèrent jusqu'au mo-
> ment où Dieu leur retire la permission
> d'accabler la vertu.

Une certitude aussi cruelle atteignit la perfide Ursule, lorsque parvenue à vaincre l'obstacle qui la séparait de son ancienne amie, elle dût reconnaître que celle-là s'était soustraite à son insigne cruauté. La voilà se mettant à pousser des cris d'effroi, de désespoir et de rage, accusant son oncle, son cousin d'avoir aidé madame Mabaud à prendre la fuite. Se méfiant davantage du premier, elle ordonna qu'on le chargeât de fers.

Poulpiquet, terrassé également, revenait auprès d'Ursule lui annoncer avec douleur la disparition d'Izalguier ; il le lui avait déjà conté, lorsque auprès de lui ses yeux aperçurent un vieillard enchaîné... C'était son père. Malgré sa scélératesse exagérée, la nature à ce moment le vainquit; irrité d'un acte qu'Ursule seule avait pu exiger, il proféra un exécrable blasphême, et tirant de son sein un petit poignard, il s'en servit pour délivrer de ses liens; l'auteur de ses jours, puis se tournant vers sa cousine :

— Abominable femme, dit-il, me surpasseras-tu en forfait? Penses-tu que quoique j'aie vendu mon âme au démon et à toi, je consente à te livrer le sang de mon père ?

— De ton père ! as-tu dit, répliqua le vieillard consterné ; serais-tu le criminel Guillaume Nébian, le fils que j'avais tant chéri, et qui, par la dépravation de son existence, a semé sur la mienne tant d'amertume. Ah ! je le mérite, il est vrai ; je me suis, comme toi, livré à cette infernale femme ; je l'ai servie dans ses haines, et Dieu, pour me punir, a fait de mon fils l'odieux brigand Poulpiquet. Misérables, abandonnez-moi, je vous maudis tous les deux.

— Et je mérite sa colère, dit le brigand en redoublant l'expression farouche de ses traits ; oui, je la mérite. Grand merci, père, le démon se chargera de vous venger.

— Ame timide et lâche, répliqua Ursule à son tour et avec dédain ; quoi, les plaintes extravagantes de cet homme déjà en délire à cause de son âge te troublent ainsi ; vas-tu nous abandonner tous, et prendre froc ; tu en serais digne. Allons, reviens à toi, nos ennemis ne peuvent sortir de ces souterrains, l'issue de la chapelle est fermée, celle de la tour soigneusement gardée, ainsi que toutes celles du château ; ils sont donc réduits à errer dans le labyrinthe que forment tous ces passages : courons les surprendre, qu'on les saisisse, que leur sort soit accompli.

Poulpiquet, un instant ému, tarda peu à comprendre combien il lui importait qu'Izalguier surtout ne leur échappât point avant d'être l'époux d'Helmonde ; il ne répondit pas à Ursule, mais il se préparait à sonner l'alarme, lorsque le soldat posté au carrefour prit ce soin à la vue des fugitifs. A cet appel, tous les bandits accoururent vers l'endroit où il se faisait entendre.

Guillaume Nébian, avant de suivre la comtesse Ursule, se rapprocha du sénéchal.

—Mon père, me seriez-vous impitoyable?

— Va, maudit, recevoir le châtiment dû à tes crimes ; ma nièce a voulu ma mort, c'est toi qui me tues ; je sens que je ne survivrai pas à l'horreur de ma position.

Il dit, et ses bras repoussent un indigne fils : celui-ci hésite ; mais le bruit qui s'élève l'entraîne, il ne croit pas à la fin si prochaine de son père, et il s'éloigne rapidement ; le sénéchal infortuné soupire, prononce le nom de Dieu, lève les mains au ciel comme pour implorer la miséricorde divine, et puis se laissant tomber de toute sa hauteur, il acheva de vivre.

Nul de ceux qui habitaient ces voûtes humides n'assista le vieillard à son dernier instant; aucun de ceux de sa famille ne lui rendit les devoirs dus aux défunts, car de grands événemens survinrent à l'appui peut-être de sa malédiction, et ceux sur qui sa colère s'était étendue, tardèrent peu à en porter tout le poids.

Poulpiquet, qui s'intitulait encore baron de Cailhavel, comte de Boucone et marquis de Nore, poursuivit sans succès les fugitifs. Amené cette fois par l'effet du hasard aux bords du ruisseau intérieur, il le suivit dans sa pente; et si Izalguier, peu auparavant n'eut pas intercepté l'étroit passage de la caverne, les brigands l'auraient assurément surpris, lorsque encore avec sa mère ils priaient dévotement au pied du riche autel.

Le bandit voyant sa recherche infructueuse dans les souterrains, se figura qu'Izalguier serait sorti par l'issue du caveau sépulcral; il tâcha en vain d'en retrouver la route, celle-ci ne se présentait pas à lui; il forma le projet de laisser Ursule et deux cents des siens continuer à parcourir ces régions ténébreuses, et lui, avec le reste de son monde, sortant par l'escalier de la tour ruinée, alla continuer dans la campagne une investigation que le succès, à l'entendre, couronnerait.

La suite de ses perquisitions minutieuses l'amenèrent à l'ermitage du templier; là, on sait ce qui lui arriva. Épouvanté à la manifestation d'un pouvoir supérieur, auquel il ne pouvait opposer le plus léger obstacle, il se retira afin de continuer à battre la campagne; mais le prodige opéré par l'ermite venant de porter un coup mortel à son autorité, Poulpiquet se croyait encore le chef des brigands, lorsque ceux qui l'avaient suivi chez le saint personnage, anéantis, confondus à la vue de la mort tragique de leur camarade, persuadés qu'Aldric disposait du feu du ciel, tremblèrent qu'il ne finît par les en frapper tous, et cette terreur sema dans leur âme l'insubordination et la révolte.

— Allons, mes braves, dit le chef lorsque tous se furent ralliés à quelque distance de l'ermitage, séparons-nous en quatre bataillons, divisons-nous la paroisse, et poursuivons opiniâtrément les fugitifs.

Jusque-là toutes ses paroles étaient des ordres rigoureux suivis à la lettre, et contre lesquels nul ne murmurait; mais maintenant la chose changea de face, les bandits, loin de former les quatre colonnes ordonnées, se maintinrent en un seul groupe, et ne firent pas mine de vouloir se séparer. Lui, plus qu'étonné, les examina en silence ; puis élevant la voix de nouveau :

— Par l'enfer, dit-il, ne m'a-t-on pas entendu ?

Il se tut, égal silence, pareille immobilité, lui-même à son tour.

— Oh çà ! dit-il, quelle mouche vous blesse ? Êtes-vous piqué de la tarentelle ? dites-le-moi. Ne savez-vous pas que mon poignard punit la rebellion ?

— Que nous importe, répliqua le coryphée de la troupe. A ta suite il faudra désormais combattre la volonté de Dieu ; c'est nous proposer une trop rude guerre, laisse-nous chercher un asile dans les souterrains, afin de nous faire oublier par le concours des anges ou des démons. Veillons cette nuit à la garde de l'ermite ; ce serait d'ailleurs une étrange folie que de braver ouvertement un homme favorisé de la protection du ciel.

Dès que le principal de la bande eut terminé d'énoncer la résolution commune, tous s'ébranlèrent, et sans plus attendre, sans s'embarrasser davantage si leur chef les suivait, tous coururent vers la tour délaissée, abandonnant sur le chemin public le brigand consterné.

Oh! pour cette fois, Poulpiquet, enivré de rage, tira son poignard à diverses reprises afin qu'il lui servît à ensanglanter la terre. Mais venant à réfléchir que dès qu'un homme a perdu la puissance nominale sur ses complices, il ne doit plus espérer de la reprendre; lui, comprit qu'il vallait mieux patienter et attendre du sort le pouvoir que le sort lui-même lui enlevait.

Le brigand, anéanti, se tut donc, baissa la tête, renferma son poignard et suivit les siens, ayant la frêle espérance que s'il ne les abandonnait pas, il parviendrait tôt ou tard à comprimer une autre fois leur volonté déchaînée.

Lorsque le dernier de ces méchans bandits eut reposé sur sa tête la dalle qui recouvrait la naissance de l'escalier, lui et ses camarades respirant plus librement, se crurent en pleine liberté; leurs bouches long-temps fermées, se dénouèrent et chacun se félicitait réciproquement et tour à tour d'être rentré sain et sauf dans cet asile mystérieux.

On descendit précipitamment, on s'en alla rejoindre le reste de la troupe une portion de celle-ci accompagnait Ursule dans des recherches qui ne laissaient que les alentours, eux aussi éprouvaient le besoin du repos; Ursule dès qu'elle eut vu son ancien amant, et se plaignant des recherches infructueuses, prétendit se croire heureuse encore, car elle aussi avait manqué de saisir ses ennemis.

— Partageons notre infortune, dit Nébian, auquel je dois donner son véritable nom puisque son père vient de rendre le dernier soupir, cette nuit fatale nous fait tout perdre, toi tu ne peux assouvir ta haine et de mon côté j'ai vu disparaître la soumission de mes gens.

Cette autre fâcheuse nouvelle frappa d'autant plus Ursule, que sa réalisation amènerait le succès de ses ennemis; elle en éprouva une douleur aigüe, ses traits se décomposèrent et le bandit, pour lui rendre un peu de vivacité, lui demanda si la jeune Eumérie avait été de vie à trépas.

— Nous priver d'elle dans cette funeste conjoncture, serait commettre une faute majeure, répondit Ursule, son sang inutilement versé retomberait sur nous puisqu'il existe des témoins qui savent ce que nous en avons fait.

— Dans tous les cas, répondit Nébian, elle restera toujours un ôtage majeur qui nous préservera de tous périls, hâtons-nous d'aller la chercher à la prison qui la retient et qu'elle soit rapidement entraînée hors de de ces murailles.

Ursule comprenant combien son parent avait raison, lui livra carte blanche, lui avec ses quatre complices par excellence, s'en alla d'un pas de course briser également la porte de la prison où veillait dans une douleur sans relâche et un effroi permanent la malheureuse Eumérie, ignorant à cette heure les événemens favorables ou sinistres qui avaient lieu autour d'elle, cette infortunée muse aimable de ces époques de chevalerie, composait la pièce de vers qui va suivre :

DU TRÉPASSÉ.

Oui, long-temps je crus au bonheur,
D'illusions environnée,
Je coulais d'aimables années
Dans ce prestige suborneur.
Ainsi que fait l'ombre légère,
J'ai vu le charme s'envoler,
Et dans sa course passagère
Le temps a détruit la chimère
Que j'aime tant à rappeler,
Qui dans sa durée éphémère
Ne me revient que pour me désoler.
Plaisirs d'un jour votre course est bornée!
Le décret de la destinée
Nous montre la lumière et la cache à nos yeux.
Qui me rendra l'âge délicieux,
Où dans un frais et pur bocage
J'écoutais le riant ramage
Des oiselets mélodieux.
Les jours où je tressais en couronne embaumée,
Du rose accacia la branche parfumée.
Quand au bord d'un petit ruisseau,
Je suivais la pente de l'eau,
Disant : ainsi s'échappe notre vie.
Et les noirs poisons de l'envie
Et la haine au cœur tout d'airain.
Les serpens de la jalousie,

Son inquiète frénésie,
La discorde rongeant son frein
Sont des spectres affreux qui nous frappent sans cesse,
Dans ces soucis nombreux s'écoule la jeunesse;
L'âge mur arrive à pas lent,
L'ambition monstre sanglant,
En flétrit les heures brillantes,
Et de ces époques riantes,
Les passions détruisent la beauté.
Enfin vient la caducité,
Froide, lourde, maussade, inerte,
Sans ardeur comme sans gaîté;
Puis la tombe nous est ouverte,
Nous tombons dans l'éternité.
O Dieu puissant, seul immuable,
Seul qui vis et qui ne meurs pas;
Tend vers moi ta main secourable,
Hors de ce triste lieu, conduis enfin mes pas.
Sous le poids d'un long esclavage,
Dans le beau printemps de mon âge,
Le malheur s'acharne sur moi.
O Dieu puissant un mot de toi
Peut briser cet affreux servage;
Tout ici-bas est soumis à ta loi!

La belle Eumérie en était à ce dernier vers lorsqu'un mouvement intérieur et involontaire ne lui permit pas de continuer, son cœur se serra, ses yeux se remplirent de larmes et néanmoins son intelligence semblait s'éclairer, elle se demanda qui pouvait donner naissance à cette manière de pressentiment.

XXXIV

Nouvel Incident.

> Parfois lorsque l'on touche le but un cas fortuit nous en éloigne.

Au premier coup appliqué avec vigueur sur la serrure de la porte du passage par où l'on aboutissait à son cachot et dont le bruit parvint à son oreille, Eumérie se flatta d'être secourue par son père ou par son cousin; loin, en conséquence, d'en ressentir la moindre crainte elle tomba à genoux, suppliant Dieu de donner à ceux qui heurtaient ainsi, le pouvoir de parvenir jusques à elle.

La dalle de pierre frappée, violemment soulevée sur son pivot par des mains adroites à faire des ouvertures, résista peu à la double attaque; brisée, renversée à la fois, elle ouvrit un large passage à Nébian et à ses complices, tous poussant un long hurlement de joie, s'élancèrent à travers le souterrain et montrèrent à Eumérie leurs atroces visages.

A cet aspect inattendu la noble damoiselle trompée dans son espérance ressentit une terreur si vive, que sans essayer d'implorer la pitié de ces pervers elle mit ses mains devant ses yeux pour ne pas les voir de nouveau, gémit et perdit l'usage de ses sens, des plaisanteries licencieuses répondirent à ce sentiment de pudeur, le chef retirant une couverture du lit, en laine épaisse, en enveloppa de tout point l'infortunée, lui laissant à peine la bouche libre et la respiration, puis, la chargeant dans ses bras, l'emporta d'un pas véloce, se rendant par la ligne directe qui lui était connue à l'ouverture de la tour ruinée.

Nébian, riche et fier de cette proie, ignorait et ne devinait pas ce que lui coûterait son absence; le lieutenant Richard Lenoir, instruit du prodige de la grotte, n'hésita pas à en profiter, il déclara à ceux qui en avaient été les témoins, que lui aussi, frappé d'une émotion interne, ne voulait plus désobéir au courroux du ciel, comme aussi avoir à combattre la haine juste des hommes.

— Le roi de France, ajouta-t-il, les gouverneurs du Languedoc promettent une pleine amnistie à ceux des nôtres qui renonceront à cette vie blâmable, quant à moi j'ai pris mon parti et dès demain rompant tout pacte avec un chef sacrilège, je me rends à l'appel de l'honneur.

La bravoure, la générosité de Richard, ses qualités guerrières, sa bienveillance envers ses amis, lui avaient acquis dès longtemps une haute prépondérance dans la troupe. La portion majeure de ceux qui l'entendirent s'énoncer ainsi, répondirent par des acclamations, et deux cent cinquante environ, y compris tous ceux témoins de ce qu'ils appelaient le miracle de l'ermitage, lui déclarèrent que dès cet instant ils renonçaient à toute obéissance envers leur chef, et l'investissaient lui, au contraire, du suprême commandement, Richard Lenoir trop habile pour ne pas profiter de cet élan, exigea que sans, attendre, le nouveau serment lui fut prêté.

Ursule demeurée avec cette foule ainsi divisée de sentimens, acheva de se laisser abattre lorsqu'elle dut acquérir la certitude que le pouvoir de faire du mal à ses ennemis lui échappait; on la vit s'élancer dans les groupes, les flatter, les attendrir, les menacer tour à tour; elle essayait de renouer par son énergie le pacte qui se rompait, ce fut en vain, bien qu'environ cent bandits ne se prononçassent pas encore, la majorité décidait de la pente du mouvement.

Ursule eut bientôt appris un plus cruel sujet d'angoisse, plusieurs voix s'élevant demandèrent qu'elle fut retenue comme ôtage; cette proposition pouvait être admise, elle alors se retirant de la foule, courut vers un passage voisin dont elle connaissait les détours et parvint à se soustraire au sort qu'on lui réservait, abandonnant des lieux où elle avait perdu toute influence, elle remonta dans le château et eut assez de bonheur, faveur dernière de la fortune, pour en fermer l'entrée aux brigands révoltés contre son amant.

Rentrée dans sa demeure habituelle, elle y recommençait une existence toute autre et moins dangereuse que celle passée dans le souterrain, là encore elle demeurait libre et maîtresse sous l'autorité puissante de son époux; le comte, ses officiers, ses soldats ne soupçonnant en aucune manière les relations d'Ursule avec les bandits, ne daigneraient pas écouter même les allégations, par lesquelles certains de ceux-ci tenteraient de la flétrir.

Mais comment parerait-elle également les justes récriminations de la comtesse Mahaud et de son fils, lorsque leur délivrance serait assurée? Ne conviendrait-il pas de les prévenir, d'essayer de tromper son époux en essayant de lui faire prendre le change?... Non, pensa-t-elle, ne me perdons pas moi-même; Guillaume Nébian, lui, ne m'abandonne pas, appelons-le à mon aide; qu'il vienne, son poignard et le mien suffiront à nous délivrer de nos ennemis.

En conséquence de ce monologue, Ursule détacha un de ses domestiques de confiance : cet homme dut aller à la vieille tour y attendre Nébian, ou courir après lui, s'il en était parti, l'instruire de la révolte d'une portion majeure de sa troupe, et rallier avec lui, ou en son absence, ceux des brigands demeurés fidèles.

A peine le messager fut-il parti, qu'Ursule comprit combien elle avait eu tort de s'enfuir si précipitamment des souterrains. En persistant à ne pas les quitter, on aurait pu former une forte compagnie de ceux que Richard-le-Noir n'aurait pas séduit.

Une réflexion sage n'était jamais repoussée par la fausse comtesse; son fils Hugues étant venu la voir, elle lui dit ce qui se passait, et regagna les voûtes souterraines; ils arrivèrent au moment où douze ou quinze bandits épouvantés des troupes inattendues qui s'étaient montrées tout à coup, avaient bravement cherché leur salut dans la fuite. Favorisé par le hasard, ce groupe s'était dirigé vers l'entrée secrète par où Ursule avait la coutume de venir; elle tomba inopinément au milieu d'eux, non sans quelque crainte de se rencontrer avec des révoltés. Ces misérables, frappés d'effroi, se mettant à genoux, la conjurèrent de les sauver; elle les fit rentrer dans cet espace intermédiaire par où, du rez-de-chaussée de Beauvoir, on aboutissait aux souterrains.

De ce lieu, deux d'entre eux s'aventurèrent à la recherche des égarés qui pensaient de même, et enfin soixante-sept rassemblés rendirent à la fausse comtesse une pleine sécurité, puisque, avec ce nombre, il lui serait perpétuellement facile de s'emparer de l'autorité dans le château. Voici ce que ces malfaiteurs lui racontèrent :

« Le traître Richard-le-Noir était encore occupé à faire prêter à soi-même le nouveau serment d'obéissance, tandis que les cent voleurs dévoués à Poulpiquet se réunissaient en un seul peloton, plus disposé à combattre qu'à céder, malgré l'infériorité du nombre. Mais lorsque de part et d'autre on préparait les armes, des quatre côtés divers retentirent des sons de trompette, et on vit déboucher de quatre allées des corps de troupes sous le commandement du sire de Thezan, du chevalier d'Aurival, du baron de Langon, et, pour le dernier, d'un inconnu vêtu en manière de spectre, et du vicomte Izalguier.

« Richard-le-Noir, hors de lui à la vue de ces guerriers menaçans, se hâta d'ordonner aux siens de se ranger en bataille, et en même temps accourant vers nous, nous demanda si nous l'abandonnerions, à l'heure où nous n'étions pas moins menacés que les siens. La chose était trop patente pour que notre réponse fût un refus; on consentit à lui obéir momentanément, toutefois en prenant la précaution de ne pas nous séparer.

« Pleins de confiance dans la bravoure de Richard, nous n'attendions plus que le signal de la mêlée. Lui, pleinement perfide, au lieu de courir sus à ces hommes moins forts que nous, parce qu'ils étaient divisés, s'avança précipitamment du comte de Thesan, et prenant la parole, l'instruisit de la révolution qui venait de s'effectuer, lui disant que presque tous les brigands, lassés de suivre le vil Poulpiquet, ne voulaient plus que profiter de l'amnistie qu'on leur proposait. Il offrit en outre d'aider aux recherches qu'on voudrait faire. Enfin, il conta qu'il venait d'apprendre que l'infâme et ancien chef venait de sortir du souterrain par la tour isolée, emmenant avec lui la seule prisonnière qui n'eût pas recouvert sa liberté. »

Les hauts barons, fâchés d'apprendre une aussi mauvaise nouvelle, mais satisfaits à la fois de terminer si aisément une pareille lutte, se hâtèrent de confirmer la promesse d'amnistie; ils invitèrent Richard à venir à eux sans crainte. Nous, pendant que cet accord se consommait, parvînmes à nous échapper par une des allées qui n'étaient pas gardées ; on nous poursuivit, nous nous divisâmes, nous nous perdîmes, et enfin avons trouvé un asile auprès de vous. »

Ce récit était exact sur tous les points, l'alliance conclue avec Richard-le-Noir et les siens, la certitude que la comtesse Eumérie avait été enlevée à sa prison, décida ses libérateurs à retarder toute attaque contre le château, et à poursuivre le brigand ravisseur de la noble fille du comte de Thezan. En conséquence, la petite armée, presque doublée par le bataillon aux ordres du bandit repentant, se répandit dans la campagne.

A leur aspect, des hommes d'armes parurent sur les remparts, que l'on se hâta de garnir de machines et de munitions de guerre. Le comte Izalguier, si la goutte ne l'eût pas retenu dans son appartement, aurait pu se convaincre par lui-même que la chevauchée faite aux alentours de Beauvoir n'était pas la bravade hardie de la bande de Poulpiquet, ainsi qu'on le lui redisait ; mais abattu par le mal, ne voyant que sa femme ou des hommes vendus à celle-ci, il ignorait complètement la vérité.

Le vicomte Izalguier n'était pas le moins actif dans cette recherche infructueuse ; il allait et venait au hasard questionnant chaque paysan, et ne recevant d'aucun la moindre lumière. Tout à coup il vit accourir à lui le sire de Langon et son autre écuyer Barthélemy, qui, du haut du donjon, ayant reconnu son maître, s'était empressé de sortir pour venir le rejoindre ; ce qu'il n'avait obtenu que difficilement du capitaine du pont-levis de Beauvoir.

Le baron de Langon venait annoncer au chevalier Gallois, de par son oncle, qu'un des voleurs qui avait quitté le chef depuis une heure, avait déclaré qu'il s'était dirigé sur Tholose, où il espérait cacher plus facilement sa prisonnière : c'était donc vers cette cité que l'on allait chevaucher. La nouvelle fut agréable au jeune Izalguier, qui, ne voyant plus auprès de lui Paschal Bonnet, perdu lui aussi depuis le moment de la montre hostile faite dans les souterrains, commanda à Barthélemy de le suivre, à la grande joie de celui-ci.

Le vicomte, son écuyer et quatre gens d'armes du comte de Thezan, qui avaient reçu de leur maître l'ordre d'accompagner son neveu, descendaient ensemble la côte de Barrège, afin de suivre la grande route du Bas-Languedoc, celle-là beaucoup plus argréable à suivre que celle de Saint-Orens, lorsqu'un inconnu, accompagné également de cinq ou six hommes d'armes, s'approchant du vicomte, et ayant la visière basse, lui demanda la faveur de lui parler tête-à-tête ; tous deux s'étant mis à l'écart, l'inconnu, soulevant son casque, se fit reconnaître, c'était Richard-le-Noir.

— Sire, dit celui-ci, vos parens et vous, êtes dans ce moment les dupes d'une ruse de guerre ; le brigand apposté qui vous a conseillé d'aller à Tholose chercher votre noble amie, où son chef l'y avait conduite, en a menti par la gorge. Non, ce n'est pas de ce côté que Poulpiquet s'est dirigé, mais bien vers le prieuré de Saint-Martin ; vous nous y avez vu déjà. Apprenez que les moines de cette sainte maison, ou sont morts égorgés ou devenus apostats, ont pris part à nos excès ; c'est dans leurs murailles que votre noble parente est amenée, je vous le jure par le Dieu vivant que nous adorons. Voulez-vous me suivre, nous parviendrons à surprendre le méchant qui se joue de la crédulité de tant de gens de bien.

— Puisqu'il s'agit des intérêts de ma cousine, répliqua Izalguier, j'irais avec vous aux extrémités de la terre ; souffrez seulement que j'envoie prévenir mon oncle et nos amis de ce qu'ils doivent faire, et de quel côté ils doivent accourir.

— Ce serait, sire, une faute majeure ; croyez que Poulpiquet a une multitude d'espions autour de vous tous ; s'il apprend ce changement de route, comme il a de l'avance, il se jetera dans les Pyrénées, passera en Espagne avec sa proie, et alors il faudra renoncer à la lui enlever. Séparez-vous seulement de vos quatre hommes d'armes, qu'ils aillent rassurer madame votre mère à Tholose, en lui disant que vous ne pouvez consentir à abandonner les environs de la Bastide, où, sauf meilleur avis, vous vous obstinez à croire que sa nièce est détenue, ceci suffira. Pendant ce temps, n'amenant que votre écuyer, vous me suivrez; ceux qui m'accompagnent, et dont deux sont mes frères, et les deux autres mes cousins, ce que notre ennemi ignore, vont cheminer plus vîte que nous; ils feindront de se rallier à lui, et par eux nous aurons des intelligences dans le monastère, où je me charge d'ailleurs de vous faire entrer sans coup-férir.

Izalguier qui, depuis long-temps, connaissait la bonne volonté de cet homme et sa haine contre Guillaume Nébian, dit Poulpiquet, se conforma à son avis, donna à ses suivans les instructions convenables pour calmer la tendresse inquiète de sa mère; et tandis que ceux-là couraient vers Tholose, les quatre parens de Richard, se rendaient au prieuré de Saint-Martin avec plus de promptitude encore.

XXXV

Le Crime puni.

> Le Créateur a dit au coupable, comme à la mer, ta fureur aura une borne, et lorsque tu l'auras touchée, il ne te sera pas permis d'aller au-delà.

Par suite de ce plan de campagne, Izalguier se trouva avec Richard-Lenoir et Barthélemy, bien que tous trois eussent hâte d'arriver, ils ne purent aller ce jour-là plus loin que Castelnaudary ; le lendemain après avoir franchi Lasborde, Villenouvelle, Pexiora, Bram, Pésens, ils atteignirent Carcassonne et allèrent se loger dans la cité, de là on voyait, sur le penchant de la montagne, le funeste monastère devenu un repaire de malfaiteurs.

Au coucher du soleil les trois voyageurs se remirent en route, affectant de chevaucher à une distance les uns des autres d'un quart d'heure environ, le premier c'était l'ex-bandit, alla demander asile pour la nuitée au village de Floure chez un riche paysan de sa connaissance, où il était certain de ne pas trouver d'espion aux gages de ceux de Saint-Martin, Barthélemy qui le suivait et était pleinement inconnu dans la contrée, descendit à l'auberge commune où il s'annonça comme un marchand de moutons qui voulait explorer les Corbières.

Enfin, Izalguier arrivant à nuit close non

vêtu en chevalier, mais couvert d'une soutane et d'un vêtement ecclésiastique, porta au curé de la paroisse de Floure une lettre de l'évêque de Carcassonne qui lui recommandait de donner l'hospitalité à un sous-diacre qui voulait faire profession au prieuré de Saint-Martin.

La maison était en mauvaise odeur dans le pays, aussi le curé ne conseilla pas à Izalguier de la choisir pour sa retraite; mais celui-ci manifesta une impatience contraire, disant que si l'exprès qu'il avait envoyé rapportait une réponse favorable, il n'attendrait même pas le jour pour aller à Saint-Martin.

En effet, vers minuit Barthélemy vint frapper à la porte de la cure, son maître qui l'attendait remercia le bon prêtre de son accueil, lui remit une riche offrande pour son église et s'éloigna avec son écuyer, ils retrouvèrent Richard à moitié route de Saint-Martin, celui-là leur apprit que le brigand, certain du succès de sa ruse ne prenait aucune précaution, il avait fallu que l'un des frères du guide lui demandât la permission de battre l'estrade jusques au jour, afin, avait-il dit, de se prémunir contre toute surprise, Nébian charmé de cette preuve de zèle l'avait approuvée, tout en disant néanmoins, combien elle était inutile.

On monta lentement suivant de loin la sentinelle prétendue qui déjà s'était abouchée avec son frère, enfin on atteignit un roc escarpé; là Richard et Barthélemy soulevèrent avec effort une lourde pierre que l'on posa en équilibre, ce qui facilita à celui qui devait veiller en dehors, de la faire retomber après que Richard, Izalguier et Barthélemy furent descendus dans un souterrain qu'elle recouvrait.

Là une lanterne fut allumée, on parcourut une allée au moyen, tantôt d'un escalier grossier et tantôt d'une pente passablement rude ; diverses portes furent ouvertes, soit par des clés, soit par des secrets, enfin une dernière donna l'entrée dans l'église élégante du pricuré.

— Là commencerait le péril, dit Richard à voix basse, si notre ennemi avait été sage ; mais le misérable croit nous avoir tous joués, est-il possible qu'il oublie que je me suis déclaré contre lui ! Mais suivez-moi, mettez chacun l'épée à la main, il ne faut pas se laisser surprendre lorsque nous venons pour tromper un fourbe achevé.

Cela terminé, le guide gagna le bas côté gauche de l'église et passa dans le cloître en évitant le plus léger bruit, on le suivit avec la même prudence, il fallut redoubler de ménagemens car on dut monter un escalier en bois, au haut une vive clarté jaillissait par-dessous une porte.

Richard s'arrêta, les autres l'imitèrent, Eumérie était dans la chambre voisine, elle marchait, s'arrêtait, soupirait, bientôt elle se mit à chanter à mi-voix avec autant de goût que de mémoire, une romance que sire Gallois reconnut avoir composé pour sa belle cousine et certes, cette marque de son souvenir le récompensa de tout ce que maintenant il souffrit pour elle.

La Souvenance.

ROMANCE.

Beaux lieux remplis de souvenance,
Climats où j'ai reçu le jour,
Plus ne ressens vive souffrance
Quand près de vous suis de retour.

Charme si doux de la patrie,
Que vous savez plaire à mon cœur,
Vous me parlez de mon amie,
Vous m'avez rendu le bonheur.

Sous l'ombrage d'un Sycomore
Que le Lers baignait de ses eaux;
Sa bouche me dit je t'adore,
Mon cœur battit à ces doux mots.
Plus loin je reçus d'Eumérie
Un baiser dont je sens l'ardeur !
Beaux lieux où je revois ma mie
Vous m'avez rendu le bonheur.

Astre de la mélancolie
O lune, voile tes doux feux ;
Je vais retrouver Eumérie,
Que faut-il plus pour être heureux ;
Sans trêve elle charme ma vie,
Je l'aime avec la même ardeur.
Beaux lieux où je revois ma mie
Vous m'avez rendu le bonheur.

La noble fille du comte de Thezan achevait cette romance, lorsque ceux qui éprouvaient à l'écouter une satisfaction si vive entendirent une autre porte s'ouvrir, et Nébian entra sans cérémonie; le tremblement de ses lèvres laissa connaître, non moins que ses propos, l'état d'ivresse qui l'entraînait; il débuta par des complimens qu'une dignité naturelle repoussa; puis venant s'animer à mesure que les fumées bachiques troublaient sa raison.

— Savez-vous, damoiselle, se mit-il à dire, que je suis las de me cacher et d'ensevelir vos charmes dans la retraite? Dès que le jour sera venu, le prieur de cette sainte demeure nous donnera sa bénédiction nuptiale. La cérémonie conclue, nous irons trouver le sire votre père, et je suis convaincu qu'il nous recevra tendrement.

— Sortez, sortez, dit Eumérie avec fierté.

— Que je sorte! ah! de par Satan, cela

ne sera pas ; vous allez être ma femme, et dans si peu de temps, que je peux, dès celui-ci, jouir des droits d'époux.

— Scélérat, recule-toi de celle que tu ne devrais approcher qu'à genoux.

— Eh bien ! j'y viens les bras ouverts, nul ici ne répondra à vos cris ; on est prévenu, et ces bons moines trouvent légitime que je jouisse un peu à l'avance de mes droits de mari : quant à cet imbécile de vicomte Izalguier, qui je gage, vous cherche dans Tholose, comme s'il eût perdu un sol d'or, celui-là, non plus, n'accourra pas vous disputer à ma flamme. Allons, résignez-vous, il est bien à une fille de souffrir ce qu'elle ne peut empêcher.

La plainte aiguë qu'exprima Eumérie prouva que le misérable ravisseur joignait l'insulte réelle à l'ironie de ses paroles. Izalguier, n'étant plus maître de se contenir, allait enfoncer la barrière qui le séparait de sa cousine. Se croyant alors abandonnée de Dieu et des hommes, Richard-le-Noir le repoussa, en lui disant à voix basse :

— Monseigneur, vous déshonoreriez votre épée en lui faisant répandre un sang si vil.

L'ancien bandit achève, s'élance avec une puissance formidable contre la porte, la brise en mille éclats, l'enlève de dessus ses gonds, et aussitôt fondant contre Guillaume Nébian, sans lui laisser le loisir de se reconnaître, le frappe à la gorge, le refrappe au cœur, et lui arrache ainsi la vie en ne lui permettant pas de donner l'alarme par ses cris.

Izalguier le suivant, avait, lui, cherché sa noble cousine ; il fut assez heureux pour la retenir dans ses bras, car elle était si fort saisie, qu'elle s'évanouit aussitôt au lieu de remercier ses libérateurs.

— Allons, se hâta de dire Richard-le-Noir, qui venait de faire si habile et si preste besogne, pressons-nous de quitter le baron de Cailhavel, comte de Bouconne, marquis de Nore, trahi par ses propres précautions; n'importe, ne laissons pas à mes anciens camarades le temps de céder à leur curiosité; je sais bien que nous trouverons des aides; mais puisque la partie est gagnée, ne nous exposons pas à la perdre par un cas fortuit.

Il dit, et s'éloigne après avoir dépouillé le cadavre d'une ceinture qui contient des valeurs immenses en diamans, perles fines et pierres précieuses, tant le caractère de voleur est long à s'effacer. Izalguier ne veut que le doux poids de sa cousine; c'est lui qui l'enlève pressée dans ses bras. Les trois aventuriers descendent l'escalier, traversent le cloître solitaire, l'église qui l'est également, rentrent dans le couloir secret, en referment avec soin l'issue, et après avoir franchi le souterrain et soulevé la pierre qui le cache, prennent leur course rapide jusqu'à Floure.

Là Eumérie revint à elle, Izalguier abrégeant les complimens la prit en croupe sur son cheval où elle s'attacha à l'aide de sa propre écharpe et ils suivirent ensuite le chemin de Tholose. Presqu'à la sortie du village ils rencontrèrent un compagnie de gens d'armes que l'évêque de Carcassonne envoyait pour protéger leur voyage, ils allèrent descendre au palais épiscopal et le lendemain après avoir remercié ce digne prélat ils repartirent pour Tholose accompagnés cette fois par des cavaliers gagés par la maison Thezan : et le reste du voyage eut lieu sans malencontre.

Cependant, Ursule faisait veiller avec soin à ce que nul inconnu ne pénétrât dans l'enceinte du château de Beauvoir; son mari, en proie à une attaque mortelle de goutte, touchait presque à sa dernière heure, et elle aurait voulu qu'il expirât sans qu'on la démasquât à ses yeux, toute lettre à l'adresse du comte lui était soustraite et ces précautions donnaient bon espoir à l'intrigante coupable.

Un soir que, retirée dans sa chambre, elle s'attendait à recevoir à chaque instant la nouvelle pour elle si avantageuse du trépassement de son époux, le bruit d'un ressort qui jouait, la tira de sa rêverie joyeuse; elle porta vers la partie reculée de la pièce située entre le lit et la cheminée, un regard inquiet, tout à coup la boiserie glissa dans une rainure, la muraille par derrière, se montra ouverte et de cette issue, elle vit entrer dans sa chambre à son inexprimable terreur, son beau-fils, le comte de Thezan, le chevalier templier Aldric, le baron de Langon, le sire d'Aurival et deux notaires de Tholose que précédaient les quatre premiers capitouls de cette année, messires François de Barravy, Adhémar d'Aigremont, Arnaud de Samathan, et Arnaud de Castelnau.

Cette noble compagnie s'avança d'un pas grave, la saluant à peine; mais à quel degré parvinrent, sa rage, sa haine, son trouble et sa confusion, lorsqu'à la suite de ces hauts personnages, lui apparut la comtesse Mahaud que soutenait la belle Eumérie et les deux dames de compagnie qu'elle, Ursule, avait si audacieusement chassées.

Ne voulant pas lui laisser le loisir de se

reconnaître et de préparer sa défense, le chef du consistoire noble, messire François de Barravy, seigneur de Villeneuve et de Frouzens, prenant la parole avec une menaçante solennité :

— A vous, dame Ursule de Fontane, bourgeoise de la ville de Tholose, le conseil des capitouls de cette illustre cité, vous fait savoir que la très-haute, très-excellente, très-noble damoiselle et dame Mahaud de Thezan, femme en légitime mariage du comte Pons Izalguier, vous a dénoncée devant lui pour avoir attenté à sa liberté et être entrée sans droit dans le lit de son très-noble époux, vous devez nous répondre à l'instant même et opposer vos témoins à ceux qui sont ici présens.

Ursule humiliée, anéantie sous le poids de sa honte, resta immobile, la tête baissée; seulement on la vit porter, avec lenteur, sa main droite à sa bouche et ses lèvres sucèrent un instant une bague à laquelle on n'avait fait aucune attention, ce soin achevé Ursule se leva et lançant un regard de fureur à sa rivale qui souffrait autant qu'elle.

— Jouis de ton triomphe, mais du moins tu ne le partageras pas avec ton époux.

Comme elle achevait, un moine entra par la porte connue.

— Madame, dit-il à la fausse comtesse, vous ne devez plus que des prières au comte Pons Izalguier, Dieu vient de le rappeler à lui.

— Je n'en demande pas pour moi, répartit Ursule avec un redoublement d'exaspération, car c'est à l'enfer que je vais me rendre.

Elle chancela, poussa un cri horrible, trébucha, elle aussi était expirée car elle venait de s'empoisonner.

FIN DU SECOND ET DERNIER VOLUME.

LIBRAIRIE DE CHARLES LACHAPELLE.

CHRONIQUES
DES TUILERIES

ET DU

LUXEMBOURG;

PHYSIOLOGIE DES COURS MODERNES,

Par G. TOUCHARD-LAFOSSE.

4 vol. in-8 sur beau papier.

Prospectus.

Les sociétés peuvent être comparées à ces paysages riches de détails, qui, considérés sous des points de vue différens, offrent à l'œil un aspect varié ; ou, si l'on veut, le monde est un prisme à mille facettes, et chacune d'elles devient, pour l'observateur, le sujet d'une étude particulière, qu'une seule génération ne saurait achever.

Certes ! nulle période ne fut plus explorée, plus diversement décrite que celle où les principes proclamés en 1789 se sont combinés, dans une *régénérescence* spontanée, puis dans une dégénérescence progressive, divisée en trois époques : la révolution proprement dite, le régime impérial et la restauration. Le catalogue des ouvrages publiés sur cette trilogie féconde, formerait plusieurs gros volumes ; et pourtant on est loin d'avoir tout considéré, encore loin d'avoir tout dit. Par exemple, les cours, que la révolution a refondues dans son vaste creuset, n'ont obtenu des mémorialistes que quelques esquisses rapides, quelques croquis tronqués, vrais souvent de dessin et de coloris ; mais inachevés, mais coupés à vif en plein intérêt : arrachemens de peinture morale qui, d'ailleurs, ne présentent nulle part une galerie complète. En un mot, la physionomie des courtisans, saisie sur le théâtre vers lequel leurs passions convergent, n'a point encore trouvé de peintre spécial : l'auteur des *Souvenirs d'un demi-siècle, des Réverbères des Chroniques de l'OEil-de-Bœuf,* pose une nouvelle toile sur son chevalet pour essayer de reproduire cette physionomie grimacière et fardée.

Et lorsqu'il demeure si bien constaté qu'à la cour les superficies déçoivent plus encore qu'à la ville, il est digne de l'observateur de saisir le scalpel du physiologiste pour analyser tour à tour les parties organiques sur lesquelles s'étend l'épiderme brillante des grandeurs de palais.

Ainsi viendront se ranger dans un cadre d'une forme nouvelle, *le grand chambellan, le grand maréchal, le grand maître des cérémonies, le premier gentilhomme de la chambre, le gentilhomme ordinaire ou le chambellan, le préfet du palais, l'aide-de-camp de service, l'officier d'ordonnance, l'écuyer ou le cavalcadour, le page, l'aumônier;* puis *le secrétaire intime,* pour lequel il existe peu de génies couronnés ou sérénissimes ; *le valet de chambre,* pour qui l'on sait qu'il n'est point de héros, même sur le trône. A travers ces personnages s'insinueront, pour varier les portraits et les tableaux de genre ; *la dame d'honneur, la dame d'atours, la dame du palais, la dame pour accompagner, la lectrice, la femme de chambre* fonctionnaire discrète pour laquelle il est si peu de charmes vrais et de vertus sincères dans la vie excentrique des sommités sociales.

Nous ne pourrions énumerer ici tous les chapitres du livre projeté ; nous dirons seulement qu'aucun des personnages en évidence à la cour ne sera omis dans nos chroniques. Le souverain lui-même, empereur, roi, consul ou directeur, n'échappera point au scalpel du chroniqueur; et quoiqu'il puisse sembler d'une grande irrévérence de disséquer impitoyablement une favorite, une reine, une impératrice, l'auteur ne s'en abstiendra pas.... Il s'arrêtera à l'année 1830.

Chacun de nos chapitres, tableau de mœurs tracé, autant que possible, avec les élémens et les ressources du drame, offrira tout ce qui semblera devoir intéresser dans la carrière de l'espèce de fonctionnaire mise en scène ; des noms ainsi que des événemens historiques formeront le fond de chaque sujet.

Qu'ajouter encore à l'annonce de cette publication ? un vers et demi de Racine :

> . . . . et pour être approuvés,
> De semblables projets veulent être achevés.

L'ouvrage complet est en vente. 4 volumes : 30 francs.

SCEAUX. — Imp de E. DÉPÉE.

NOUVELLES PUBLICATIONS EN VENTE :

LES PAGES DU ROI D'ARMÉNIE,

ou

L'Hôtel de Sens en 1370.

Roman historique. — PAR — AMÉDÉE DE BAST.

2 vol. in-8. — 15 fr.

—

LE SECRET D'UN PRÊTRE,

Par Mme JENNY BRENET.

2 vol in-8. — 15 fr.

—

Les Soirées de Trianon,

Par E.-L. GUÉRIN,

2 vol. in-8. — 15 fr.

—

LE BOUDOIR ET LA MANSARDE,

Par MICHEL RAYMOND et CARLE LEDHUY.

2 vol. in—8. — 15 fr.

—

L'AMANT DE MA FEMME,

Roman de Mœurs.

Par MAXIMILIEN PERRIN.

2 vol. in—8. — 15 fr.

www.ingramcontent.com/pod-product-compliance
Lightning Source LLC
Chambersburg PA
CBHW070843170426
43202CB00012B/1924